KB006166

十^십看^간不^불如^여一^일讀^독이요,

열 번 눈으로 보기만 하는 것은 한 번 소리 내어 읽는 것만 못하고,

十^십讀^독不^불如^여一^일書^서이다.

열 번 소리 내어 읽는 것은 한 번 정성들여 쓰는 것만 못하다.

우리가 한자를 배우는 궁극적인 목적은 한자가 지니고 있는 훈(訓)과 음(音)을 아는 것이다.

그러므로 한자가 지니고 있는 특성을 바탕으로 하여 한자의 훈(뜻)과 음(소리)을 정확히 파악하여 우리 국어의 70% 이상을 차지하고 있는 한자어인 어휘의 이해와 그 활용을 효과적으로 하기 위함입니다.

그리고 향후, 세계화의 한 축이 될 통일 한국, 중국, 일본의 동북아 시장권의 중심 기초가 되는 한자의 자유 자제로운 활용으로 거대시장의 당당한 주역들을 초기 교육화에 그 목적을 두었으며, 21세기는 한자 문화권의 영역이 급속도로 발전, 확산됨으로써 그 영향이 전 세계에 미칠 것으로 예상됩니다.

한국어문회가 주관하는 한자능력검정시험은 국가공인을 받은 후, 대학입시 수시모집 및 특별전형과 경제 5단체는 물론 삼성, 현대 등 대기업에서 일정한 한자능력검정시험자격증을 취득한 응시자에게 가산점을 부여하고 있습니다.

본 교재는 "국가공인 전국한자능력검정시험"에 응시하고자 하는 초, 중, 고등학생, 대학생, 일반인 등을 위해 8급에서부터 4급에 이르기까지 급수별로 유래 과정과 유래 그림을 체계적으로 정리한 한자학습서입니다.

한자를 익히는 데 중요한 것은 끊임없는 반복 연습과, 많이 보고 많이 써 보는 것이 중요합니다. 이렇게 알찬 내용으로 채워진 본 교재는 "국가공인 전국한자능력검정시험"에 대비하는 모든 이들이 "합격"이라는 결과를 얻는 데 많은 도움이 될 것으로 생각합니다.

감사합니다.

弘益敎育 善海 權容璿(권용선)

목차

머리말 02

6급 한자 목록 04

6급 급수한자 06

6급에 나오는 중국어(간체자) 따라쓰기 81

부록 87
- 기출/예상 문제(2회) 88
- 사자성어 및 유형별 한자 익히기(반대자,유의자,동음이어) 94
- 찾아보기(6급, 150자) 98
- 기출/예상 문제 정답(2회) 100

*참고 사항
〈본문 및 따라쓰기에서〉
훈: 뜻, 음: 소리, 중: 중국어, 간체자, 병음, 읽기, 총: 총 획순, 부:부수

6급 한자 목록

회차 (페이지)	해당 한자				선생님 확인	회차 (페이지)	해당 한자				선생님 확인
1회차 (6p)	各 각	角 각	感 감	強 강		16회차 (36p)	服 복	本 본	部 부	分 분	
2회차 (8p)	開 개	京 경	計 계	界 계		17회차 (38p)	社 사	死 사	使 사	書 서	
3회차 (10p)	高 고	苦 고	古 고	功 공		18회차 (40p)	石 석	席 석	線 선	雪 설	
4회차 (12p)	公 공	共 공	科 과	果 과		19회차 (42p)	省 성	成 성	消 소	速 속	
5회차 (14p)	光 광	交 교	球 구	區 구		20회차 (44p)	孫 손	樹 수	術 술	習 습	
6회차 (16p)	郡 군	近 근	根 근	今 금		21회차 (46p)	勝 승	始 시	式 식	神 신	
7회차 (18p)	級 급	急 급	多 다	短 단		22회차 (48p)	身 신	信 신	新 신	失 실	
8회차 (20p)	堂 당	待 대	代 대	對 대		23회차 (50p)	愛 애	野 야	夜 야	藥 약	
9회차 (22p)	圖 도	度 도	讀 독	童 동		24회차 (52p)	弱 약	陽 양	洋 양	言 언	
10회차 (24p)	頭 두	等 등	樂 락	路 로		25회차 (54p)	業 업	永 영	英 영	溫 온	
11회차 (26p)	綠 록	例 례	禮 례	李 리		26회차 (56p)	勇 용	用 용	運 운	園 원	
12회차 (28p)	利 리	理 리	明 명	目 목		27회차 (58p)	遠 원	油 유	由 유	銀 은	
13회차 (30p)	聞 문	米 미	美 미	朴 박		28회차 (60p)	飮 음	音 음	意 의	衣 의	
14회차 (32p)	班 반	反 반	半 반	發 발		29회차 (62p)	醫 의	者 자	昨 작	作 작	
15회차 (34p)	放 방	番 번	別 별	病 병		30회차 (64p)	章 장	在 재	才 재	戰 전	

회차 (페이지)	해당 한자			선생님 확인	회차 (페이지)	해당 한자			선생님 확인
31회차 (66p)	庭 정	定 정	題 제	第 제		36회차 (76p)	幸 행	向 향	現 현	形 형	
32회차 (68p)	朝 조	族 족	晝 주	注 주		37회차 (78p)	號 호	畫 화	和 화	黃 황	
33회차 (70p)	集 집	窓 창	淸 청	體 체		38회차 (80p)	會 회	訓 훈			
34회차 (72p)	親 친	太 태	通 통	特 특						
35회차 (74p)	表 표	風 풍	合 합	行 행						

各

훈 각각/따로 음 **각**

중 各 [gè] 끄어

관련한자

各界(각계)
各色(각색)
各姓(각성)
各種(각종)
各樣各色
(각양각색)

유래

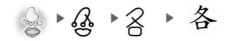

제멋대로 가는 발과 마음대로 말하는 입의 모양

설명 사람의 발은 마음대로 갈 수 있고, 입(口)은 마음대로 말할 수 있어, 사람마다 제각각이라는 뜻의 글자

角

훈 뿔/모서리 음 **각**

중 角 [jiǎo] 지아오

관련한자

頭角(두각)
直角(직각)
觸角(촉각)
八角(팔각)
對角線
(대각선)

유래

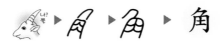

짐승의 뿔을 나타내는 모양

설명 짐승의 머리에 난 뾰족한 뿔을 뜻하는 글자 *다른 뜻 : 모나다, 각, 다투다

感

훈 느낄 음 **감:**

중 感 [gǎn] 간

관련한자

感動(감동)
感謝(감사)
感性(감성)
感情(감정)
隔世之感
(격세지감)

유래

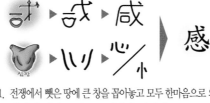

1. 전쟁에서 뺏은 땅에 큰 창을 꼽아놓고 모두 한마음으로 외치는 모양
2. 사람의 심장 모양으로 마음을 나타냄

설명 다 함(咸)과 마음 심(心)이 합쳐진 글자로, 마음(心)이 온통 다(咸)하여 움직이는 것은 느끼는 것이라는 의미에서 느끼다는 뜻의 글자

強

훈 강할 음 **강(:)**

중 强 [qiáng] 치앙

관련한자

强健(강건)
强國(강국)
强買(강매)
强賣(강매)
强弱(강약)

유래

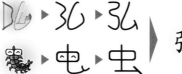

1. 팔을 굽혀 활시위를 크게 당긴 모양
2. 벌레를 나타낸 모양

설명 옛날 농사에 피해를 쌀벌레(蟲) 떼의 무리가 크고(弘) 생명력이 강하여 좀처럼 죽일 수가 없다는 의미로, 아주 강하다라는 뜻의 글자 *참고 : 强(12획) = 强(11획)

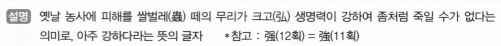

各 各 各 各 各 各

각각/따로 각

총 6획 부 口

角 角 角 角 角 角

뿔/모서리 각

총 7획 부 角

感 感 感 感 感 感

느낄 감

총 13획 부 心

強 強 強 強 強 強

강할 강

총 11획 부 弓

開

훈 열 **음** 개
중 开 [kāi] 카이

관련한자
開發(개발)
開放(개방)
開始(개시)
開學(개학)
公開(공개)

유래

빗장으로 가로질러 닫혀 있는 문을 양손으로 여는 모양

설명 빗장으로 가로질러 닫혀 있는 문을 양손으로 연다는 의미로, 열다라는 뜻의 글자

京

훈 서울 **음** 경
중 京 [jīng] 찡

관련한자
京畿(경기)
歸京(귀경)
上京(상경)
入京(입경)
京仁線
(경인선)

유래

언덕 위에 높고 화려하게 지은 궁궐의 모양

설명 높은 언덕 위에 큰 궁궐을 지어 놓은 곳이 서울이라는 뜻의 글자

計

훈 셀/셈할 **음** 계:
중 计 [jì] 찌

관련한자
計劃(계획)
生計(생계)
設計(설계)
總計(총계)
合計(합계)

유래

1. 날카롭게 찌르는 창처럼 거침없이 말하는 입의 모양
2. 세로 막대에 점을 찍어 10을 나타내는 모양

설명 입으로 말을 하며(수를 세며) 열 손가락을 꼽으면, 그것은 계산을 하는 것이라는 의미로, 셈한다라는 뜻의 글자

界

훈 지경/경계 **음** 계:
중 界 [jiè] 찌에

관련한자
各界(각계)
境界(경계)
外界(외계)
財界(재계)
他界(타계)

유래

1. 농사를 짓는 밭을 나타낸 모양
2. 양쪽의 벽 사이에 끼어 있는 사람

설명 밭(田)과 밭 사이에 끼어(介) 있는 두둑이 밭의 경계가 되어 지경(땅의 경계)이라는 뜻의 글자

열 개

총 12획 부 門

開 開 開 開 開 開

서울 경

총 8획 부 亠

京 京 京 京 京 京

셀/셈할 계

총 9획 부 言

計 計 計 計 計 計

지경/경계 계

총 9획 부 田

界 界 界 界 界 界

高

- 훈 높을 음 고
- 중 高 [gāo] 까오

관련한자
高架(고가)
高潔(고결)
高貴(고귀)
高僧(고승)
天高馬肥
(천고마비)

유래

누각이 있는 높은 성의 모양

설명 누각이 있는 높은 성의 모양으로, 높다라는 뜻의 글자

苦

- 훈 쓸/괴로울 음 고
- 중 苦 [kǔ] 쿠

관련한자
苦樂(고락)
苦痛(고통)
苦行(고행)
勞苦(노고)
鶴首苦待
(학수고대)

유래

苦 ▶ 苦 ▶ 苦

옛날 약초는 맛이 몹시 써서 먹기에 괴롭다는 의미

설명 옛날 오래(古)된 풀(艸)을 말려 약초로 사용하였는데, 그 맛이 몹시 써서 먹기에 괴롭다는 의미로, 괴롭다라는 뜻의 글자

古

- 훈 예/옛 음 고:
- 중 古 [gǔ] 꾸

관련한자
古文(고문)
古語(고어)
古稀(고희)
太古(태고)
東西古今
(동서고금)

유래

古 ▶ 古 ▶ 古

아주 오래된 옛날을 나타낸 모양

설명 옛날의 할아버지 때부터 10(十)대에 걸쳐 입(口)으로 전해 내려오는 이야기는 아주 오래된 옛 것이라는 뜻의 글자

功

- 훈 공(勳) 음 공
- 중 功 [gōng] 꿍

관련한자
功德(공덕)
功勞(공로)
功名(공명)
戰功(전공)
螢雪之功
(형설지공)

유래

장인이 힘써 일하여 '공'을 세우는 모양

설명 대장간의 장인(工)이 힘(力)써 일하여 만든 물건에는 정성과 공이 깃들여 있다는 의미로, 공이라는 뜻의 글자　*장인 : 물건을 만드는 사람

高高高高高高

높을 고

총 10획   부 高

苦苦苦苦苦苦

쓸/괴로울 고

총 9획   부 艹

古古古古古古

예/옛 고

총 5획   부 口

功功功功功功

공(勳) 공

총 5획   부 力

4회 6급 급수한자

公

| 훈 | 공평할 | 음 | 공 |

중 公 [gōng] 꿍

관련한자
公告(공고)
公金(공금)
公式(공식)
公判(공판)
先公後私
(선공후사)

유래

개인의 사사로운 감정을 잘라내고 공평하게 하는 모양

설명 개인의 욕심 같은 사사로운 감정을 잘라내고 공평하게 한다는 의미로, **공평하다**라는 뜻의 글자

共

| 훈 | 한가지/함께 | 음 | 공: |

중 共 [gòng] 꿍

관련한자
共感(공감)
共同(공동)
共謀(공모)
共犯(공범)
共有(공유)

유래

많은 사람들이 두 손을 모아 함께 하는 모양

설명 열 명(十)이 두 번 더해져, 많은 사람들이 두 손으로 힘을 합쳐 어떤 일을 함께 한다는 의미로, 함께라는 뜻의 글자

科

| 훈 | 과목 | 음 | 과 |

중 科 [kē] 크어

관련한자
科擧(과거)
武科(무과)
兵科(병과)
眼科(안과)
理科(이과)

유래

1. 벼의 이삭이 익어 고개 숙인 모양
2. 곡식을 담거나 세던 자루 달린 국자(말) 모양

설명 벼(禾)와 같은 곡식을 말(斗)로 헤아려서 등급을 매기듯, 학문 또한 일정한 기준에 의해 나눈 것이 과목이라는 뜻의 글자 *다른 뜻 : 품등, 조목

果

| 훈 | 실과/열매 | 음 | 과: |

중 果 [guǒ] 구어

관련한자
成果(성과)
藥果(약과)
靑果(청과)
效果(효과)
因果應報
(인과응보)

유래

나무에 열매가 열려 있는 모양

설명 나무에 열매가 탐스럽게 열려 있는 모양으로, 열매라는 뜻의 글자 *다른 뜻 : 과실

公	公	公	公	公	公
공평할 공					

총 4획   부 八

共	共	共	共	共	共
한가지/함께 공					

총 6획   부 八

科	科	科	科	科	科
과목 과					

총 9획   부 禾

果	果	果	果	果	果
실과/열매 과					

총 8획   부 木

光

훈 빛 **음** 광

중 光 [guāng] 꾸앙

관련한자
脚光(각광)
光線(광선)
夜光(야광)
風光(풍광)
電光石火
(전광석화)

유래

사람이 횃불을 높이 들어 빛이 밝은 모양

설명 어두운 곳에서 사람이 횃불을 높이 들어 불빛이 밝은 모양으로, 빛이라는 뜻의 글자

交

훈 사귈 **음** 교

중 交 [jiāo] 지아오

관련한자
交涉(교섭)
交信(교신)
交易(교역)
交友(교우)
親交(친교)

유래

책상다리를 하고 앉아 있는 모습

설명 사람이 다리를 교차되게 앉은 모양으로, 편안히 앉아서 서로 **사귄다**는 뜻의 글자

球

훈 공/옥(玉) **음** 구

중 球 [qiú] 치어우

관련한자
球技(구기)
球場(구장)
排球(배구)
野球(야구)
電球(전구)

유래

 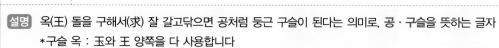

1. 옥으로 만든 구슬들을 꿰어 놓은 모양
2. 물에 빠진 사람이 손을 내밀어 구해 달라는 모습

설명 옥(王) 돌을 구해서(求) 잘 갈고닦으면 공처럼 둥근 구슬이 된다는 의미로, 공·구슬을 뜻하는 글자
*구슬 옥 : 玉와 王 양쪽을 다 사용합니다

區

훈 구분할/지경/구역 **음** 구

중 区 [qū] 취

관련한자
區間(구간)
區別(구별)
區域(구역)
區廳(구청)
地區(지구)

유래

찬장 안에 그릇이 여러 칸으로 나누어져 있는 모양

설명 여러 칸으로 나누어져 있는 찬장 속에 많은 그릇을 정리하여 보관하고 있는 모양으로, 각각의 작은 칸들로 구분한다라는 뜻의 글자

光	光	光	光	光	光
빛 광					

총 6획　부 儿

交	交	交	交	交	交
사귈 교					

총 6획　부 亠

球	球	球	球	球	球
공/옥(玉) 구					

총 11획　부 王/玉

區	區	區	區	區	區
구분할/지경/구역 구					

총 11획　부 匸

郡

(훈) 고을 (음) 군:
(중) 郡 [jùn] 쥔

관련한자
郡界(군계)
郡内(군내)
郡民(군민)
郡守(군수)
醴泉郡(예천군: 경상북도 소재)

유래

1. 임금이 칼로 위엄을 나타내고, 입으로 호령하는 모양
2. 고을의 큰 울타리와 조용히 꿇어앉은 사람의 모양

설명 임금이 다스리는 백성이 모여 살고 있는 고을(마을)의 이름을 군이라고 부르는 데서, 고을이라는 뜻의 글자

近

(훈) 가까울 (음) 근:
(중) 近 [jìn] 찐

관련한자
近代(근대)
近海(근해)
接近(접근)
側近(측근)
親近(친근)

유래

1. 도끼의 모양
2. 멈춘 발이 조금 조금씩 움직여 가는 모양

설명 옛날 사람들은 도끼를 저울로 사용하였는데, 도끼(斤) 머리를 저울의 가운데 중심으로 조금씩 조금씩 움직여 균형에 가깝게 다가가게 하는 모양으로, **가깝다**는 뜻의 글자

根

(훈) 뿌리 (음) 근
(중) 根 [gēn] 껀

관련한자
根據(근거)
根性(근성)
根源(근원)
禍根(화근)
事實無根(사실무근)

유래

1. 뿌리부터 가지까지의 나무 전체를 나타낸 모양
2. 앉아서 눈을 고정시키고 보는 모습

설명 나무의 근본을 찾기 위해 아무리 뚫어지게 쳐다봐도 보이지 않는 부분이 뿌리라는 의미로, 뿌리라는 뜻의 글자 *본래 가장 중요한 것은 눈에 잘 보이지 않는다.

今

(훈) 이제 (음) 금
(중) 今 [jīn] 찐

관련한자
古今(고금)
今年(금년)
今月(금월)
今週(금주)
今昔之感(금석지감)

유래

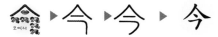

집안에 높은 사람의 말씀을 듣기 위해 여러 사람이 모여 있는 모양

설명 집안에 높은 사람의 말씀을 듣기 위해 여러 사람이 모일 때, 시간에 잘 맞추어 가야 한다는 의미로, **지금·이제**라는 뜻의 글자

郡 郡 郡 郡 郡 郡

고을 군

총 10획 부 阝

近 近 近 近 近 近

가까울 근

총 8획 부 辶

根 根 根 根 根 根

뿌리 근

총 10획 부 木

今 今 今 今 今 今

이제 금

총 4획 부 人

級

훈	등급/차례	음	급
중	級 [jí] 지		

관련한자
高級(고급)
級數(급수)
等級(등급)
初級(초급)
學級(학급)

유래

1. 실타래를 나타낸 모양
2. 뒤에서 쫓아온 사람의 손이 앞사람 허리에 닿은(미친) 모양

설명 실이 차례차례로 이어져 옷감(베)이 되는데, 실이 짜이는 차례에 따라 좋은 옷감과 나쁜 옷감으로 등급이 나누어진다는 의미로, 등급이라는 뜻의 글자

急

훈	급할/빠를	음	급
중	急 [jí] 지		

관련한자
急減(급감)
急落(급락)
急流(급류)
急行(급행)
時急(시급)

유래

쫓아오는 손에 잡히지 않으려고 급히 달아나는 마음을 나타낸 모양

설명 쫓아 오는 손에 잡히지 않으려고 급히 달아나는 마음을 나타내 급하다는 뜻의 글자
*다른 뜻 : 빠를 급

多

훈	많을	음	다
중	多 [duō] 뚜어		

관련한자
多讀(다독)
多量(다량)
多福(다복)
多樣(다양)
一夫多妻
(일부다처)

유래
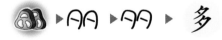

고깃덩어리가 겹쳐져 많이 있는 모양

설명 잘라 놓은 큰 고깃덩어리 두 개를 겹쳐 놓아, 특별히 많다라는 뜻의 글자

短

훈	짧을	음	단(:)
중	短 [duǎn] 두안		

관련한자
短期(단기)
短命(단명)
短文(단문)
短打(단타)
一長一短
(일장일단)

유래

1. 화살의 모양을 보고 만든 글자
2. 콩 껍질처럼 생긴 뚜껑 달린 그릇의 모양

설명 옛날 짧은 길이는 자 대신 화살(矢)로 재고, 적은 수량은 콩(豆)으로 하나 · 둘 헤아린 것에서 나와, 길지 않고 짧다는 뜻의 글자

級

등급/차례 급

총 10획 부 糸

急

급할/빠를 급

총 9획 부 心

多

많을 다

총 6획 부 夕

短

짧을 단

총 12획 부 矢

堂

훈 집 음 당

중 堂 [táng] 탕

관련한자
講堂(강당)
明堂(명당)
書堂(서당)
聖堂(성당)
正正堂堂
(정정당당)

유래

1. 높은 축대 위에 작을 소(小) 글자가 합쳐진 모양
2. 만물이 자라는 땅(흙)을 나타낸 모양

설명 흙을 높이 쌓고 그 위에 지은 큰 집을 의미하여, 집이라는 뜻의 글자

待

훈 기다릴 음 대:

중 待 [dài] 따이

관련한자
待期(대기)
待接(대접)
應待(응대)
接待(접대)
鶴首苦待
(학수고대)

유래

1. 사거리 길의 한쪽만 나타낸 변형된 모양
2. 앞으로 나아가는 발과 맥박이 뛰는 손목을 나타낸 모양

설명 옛날부터 관청이나 절에는 사람들이 많아 일을 보러 가서 기다린다는 의미로, 기다리다라는 뜻의 글자

代

훈 대신 음 대:

중 代 [dài] 따이

관련한자
交代(교대)
代金(대금)
代納(대납)
代打(대타)
當代(당대)

유래

사람을 대신하여 말뚝을 박아 놓은 모양

설명 어떤 것을 남에게 보이기 위해 사람을 대신하여 말뚝이나 푯말을 세워 둔 모양으로, 대신하다라는 뜻의 글자

對

훈 대할/대답할 음 대:

중 对 [duì] 뚜에이

관련한자
對價(대가)
對等(대등)
對立(대립)
對外(대외)
對策(대책)

유래

1. 제멋대로 자라 무성히 엉켜 있는 초목의 모양
2. 손목에서 맥박이 뛰는 곳까지의 길이가 한 치(약 3cm)라는 표시

설명 관청에서 일을 하는 관리는 제멋대로 땅에서 자란 무성한 초목처럼 엉켜 있는 일들을 법도와 규칙에 따라 일을 대하고, 흔들림 없이 일정한 대답을 해야 한다는 의미로, 대답하다라는 뜻의 글자

堂	堂	堂	堂	堂	堂
집 당					

총 11획 부 土

待	待	待	待	待	待
기다릴 대					

총 9획 부 彳

代	代	代	代	代	代
대신 대					

총 5획 부 亻

對	對	對	對	對	對
대할/대답할 대					

총 14획 부 寸

圖

훈 그림 음 도
중 图 [tú] 투

관련한자
圖面(도면)
圖案(도안)
圖表(도표)
圖形(도형)
風俗圖
(풍속도)

유래

종이에 몸이라는 글자와 입을 그린 그림 모양

설명 큰 종이에 몸이라는 글자와 입을 그린 그림 모양으로, 그림이라는 뜻의 글자
＊원래는 동네의 곡식 창고를 잘 계획하여 설계하기 위해, 큰 종이에 이리저리 꾀하여 그려 넣는다는 의미로 그림 도, 꾀할 도라는 뜻의 글자

度

훈 법도/헤아릴 음 도(:)/탁
중 度 [dù] 뚜

관련한자
角度(각도)
高度(고도)
頻度(빈도)
色度(색도)
濕度(습도)

유래

집 안에 많은 사람이 모여 손으로 헤아려 만든 법도를 의미

설명 한 지붕 밑에서 많은 사람이 모여 손으로 헤아려 만든 기준, 법도를 의미하여 법도를 뜻하는 글자

讀

훈 읽을/구절 음 독/두
중 读 [dú] 두

관련한자
朗讀(낭독)
讀者(독자)
速讀(속독)
吏讀(이두)
讀後感
(독후감)

유래

1. 날카롭게 찌르는 창처럼 거침없이 말하는 입의 모양
2. 그물로 잡은 조개를 팔기 위해 밖으로 꺼내는 모양

설명 장사꾼이 물건을 팔기 위해 크게 외치듯, 책을 소리 내어 읽는다는 의미로, 읽다라는 뜻의 글자

童

훈 아이 음 동(:)
중 童 [tóng] 통

관련한자
童詩(동시)
童謠(동요)
童話(동화)
兒童(아동)
三尺童子
(삼척동자)

유래

1. 땅 위에 두 팔과 두 다리를 벌리고 곧게 서 있는 사람의 모양
2. 곡식을 주는 밭이 많은 땅에서 마을을 이룬다는 의미의 모양

설명 어른들은 허리 굽혀 밭에서 일을 하고, 마을(里)에서 서서(立) 뛰어 노는 것은 아이들이라는 의미로, 아이라는 뜻의 글자

圖	圖	圖	圖	圖	圖
그림　도					

총 14획　부 口

度	度	度	度	度	度
법도/헤아릴 도/탁					

총 9획　부 广

讀	讀	讀	讀	讀	讀
읽을/구절 독/두					

총 22획　부 言

童

童	童	童	童	童	童
아이 동					

총 12획　부 立

頭

- 훈 머리 음 두
- 중 头 [tóu] 터우

관련한자
口頭(구두)
頭角(두각)
沒頭(몰두)
序頭(서두)
龍頭蛇尾 (용두사미)

유래

1. 콩 껍질처럼 생긴 뚜껑 달린 그릇의 모양
2. 사람의 머리카락부터 목까지의 전체 머리를 나타낸 모양

설명 콩 껍질같이 생긴 그릇의 모양이 사람의 머리처럼 생겼다는 의미로, 머리를 뜻하는 글자

等

- 훈 무리/등급 음 등:
- 중 等 [děng] 덩

관련한자
對等(대등)
等級(등급)
等邊(등변)
等分(등분)
劣等感 (열등감)

유래

1. 대나무를 나타낸 모양
2. 앞으로 나아가는 발과 맥박이 뛰는 손목을 나타낸 모양

설명 옛날 관청(절)에서 대나무에 써 놓은 글(서류)을 가지런히 정리하여 중요한 것과 중요하지 않는 것으로 등급을 나눈다는 의미로, 등급이라는 뜻의 글자

樂

- 훈 즐길/노래 음 락/악
- 중 乐 [lè/yuè] 르어/위에

관련한자
苦樂(고락)
樂觀(낙관)
娛樂(오락)
快樂(쾌락)
同苦同樂 (동고동락)

유래

즐거운 흥을 돋구는 북 모양

설명 경사스러운 잔치에서 즐겁게 흥을 돋구는 북의 모양으로, 노래(풍류)를 뜻하는 글자
      *자연을 즐겨 노래를 부르고 악기를 연주하며 멋스럽게 노는 것

路

- 훈 길 음 로(노):
- 중 路 [lù] 루

관련한자
路面(노면)
路上(노상)
迷路(미로)
險路(험로)
高速道路 (고속도로)

유래

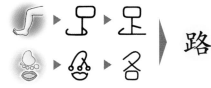

1. 밭을 경작하는 힘을 가진 남자를 나타내는 모양
2. 제멋대로 가는 발과 마음대로 말하는 입의 모양

설명 발 족(足)과 각각 각(各)이 합쳐진 글자로, 사람들이 제마다 각각 발로 걸어 다니는 길을 의미하여, 길이라는 뜻의 글자

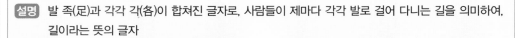

頭 / 頭 頭 頭 頭 頭 頭

머리 두

총 16획 부 頁

等 / 等 等 等 等 等 等

무리/등급 등

총 12획 부 竹

樂 / 樂 樂 樂 樂 樂 樂

즐길/노래 락/악

총 15획 부 木

路 / 路 路 路 路 路 路

길   로(노)

총 13획 부 足

綠

훈 푸를 **음** 록(녹)
중 绿 [lǜ] 뤼

관련한자
綠豆(녹두)
綠色(녹색)
綠陰(녹음)
新綠(신록)
草綠同色
(초록동색)

유래

1. 실타래를 나타낸 모양
2. 큰 칼을 양쪽에서 잡고 나무를 깎아 내는 모양

설명 나무를 깎을 때 나오는 속껍질의 실같은 섬유질이 푸른색을 띠고 있는 데서 나온 글자

例

훈 법식 **음** 례(예):
중 例 [lì] 리

관련한자
比例(비례)
先例(선례)
例文(예문)
例示(예시)
判例(판례)

유래
1. 걸어가는 사람의 모양
2. 칼로 짐승의 뼈를 발라내어 벌려 놓는 모양

설명 임금님이 지나갈 때, 사람(신하)들이 길 양편으로 벌려 엄숙하게 줄을 서 있는 것은 나중 사람들에게 좋은 본보기가 되는 법식이라는 뜻의 글자

禮

훈 예도/예절 **음** 례(예)
중 礼 [lǐ] 리

관련한자
答禮(답례)
禮物(예물)
禮訪(예방)
禮拜(예배)
禮佛(예불)

유래

1. 제사 때 신에게 보이는 제물의 모양
2. 제사 그릇(제기)에 음식이 풍성하게 가득 담긴 모양

설명 그릇에 음식물을 풍성하게 차려 놓고 신이나 조상의 제사를 지내는 예절을 의미하여 예절이라는 뜻의 글자   *다른 뜻 : 예도 예, 절 예

李

훈 오얏/성(姓) **음** 리(이)
중 李 [lǐ] 리

관련한자
李氏(이씨)
李花(이화)
張三李四
(장삼이사)
李下不整冠
(이하부정관)

유래

1. 뿌리부터 가지까지의 나무 전체를 나타낸 모양
2. 귀한 아이가 태어난 모양으로 아들을 나타냄

설명 나무 목(木)과 아들 자(子)를 합친 글자로, 어린이가 자두(오얏) 나무에서 노는 모양으로 오얏을 뜻하는 글자.   *오얏은 자두의 옛말

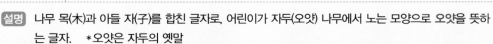

綠 綠 綠 綠 綠 綠

푸를 록(녹)

총 14획 부 糸

例 例 例 例 例 例

법식 례(예)

총 8획 부 亻

禮 禮 禮 禮 禮 禮

예도/예절 례(예)

총 18획 부 示

李 李 李 李 李 李

오얏/성(姓) 리(이)

총 7획 부 木

利

(훈) 이할/이로울 (음) 리(이):
(중) 利 [lì] 리

관련한자
權利(권리)
利用(이용)
利益(이익)
利子(이자)
漁父之利(어부지리)

유래

벼를 칼로 베어 자기 것으로 만드는 모양

이렇게 이로운것을 왜 여태 몰랐을까...
낫을 사용하니까 정말 좋네~

설명 벼를 날카로운 도구(낫, 칼)로 베어 자기 것으로 만드니 농부에게 이롭다는 의미로, 이롭다라는 뜻의 글자

理

(훈) 다스릴 (음) 리(이):
(중) 理 [lì] 리

관련한자
道理(도리)
非理(비리)
理念(이념)
理論(이론)
理解(이해)

유래
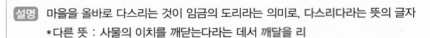
1. 모든 것을 다스리는 임금의 큰 도끼의 모양
2. 곡식을 주는 밭이 많은 땅에서 마을을 이룬다는 의미의 모양

훌륭한 임금이 되려면 나라를 잘 다스려야해.

설명 마을을 올바로 다스리는 것이 임금의 도리라는 의미로, 다스리다라는 뜻의 글자
*다른 뜻 : 사물의 이치를 깨닫는다라는 데서 깨달을 리

明

(훈) 밝을 (음) 명
(중) 明 [míng] 밍

관련한자
明堂(명당)
明白(명백)
明暗(명암)
明確(명확)
明鏡止水(명경지수)

유래

낮에는 해, 밤에는 달이 밝게 비춘다는 의미

착한 아이네
옛님 달님 항상 밝게 비춰 주셔서 감사해요

설명 낮에는 해, 밤에는 달이 밝게 비춰준다는 의미로, 밝다라는 뜻의 글자

目

(훈) 눈 (음) 목
(중) 目 [mù] 무

관련한자
科目(과목)
目次(목차)
題目(제목)
品目(품목)
目不忍見(목불인견)

유래

사람의 눈을 나타낸 모양

설명 크게 뜬 사람의 눈 모양으로, 눈을 뜻하는 글자

利	利	利	利	利	利
이할/이로울 리(이)					

총 7획 부 刂

理	理	理	理	理	理
다스릴 리(이)					

총 11획 부 王/玉

明

明	明	明	明	明	明
밝을 명					

총 8획 부 日

目	目	目	目	目	目
눈 목					

총 5획 부 目

聞

- 훈 들을
- 음 문(:)
- 중 闻 [wén] 원

관련한자
見聞(견문)
醜聞(추문)
探聞(탐문)
風聞(풍문)
今始初聞
(금시초문)

유래

1. 두 개의 문짝이 달려 있는 문의 모양
2. 사람의 귀를 나타낸 모양

설명 문 문(門)과 귀 이(耳)가 합쳐진 글자로, 문에 귀를 대고 안에서 말하는 것을 듣는다는 의미로, 듣다라는 뜻의 글자

米

- 훈 쌀
- 음 미
- 중 米 [mǐ] 미

관련한자
米飮(미음)
米作(미작)
玄米(현미)
軍糧米(군량미)
精米所(정미소)

유래

벼의 낱알이 붙어 있는 모양

설명 벼 이삭에 달려 있는 쌀의 모양으로, 쌀을 뜻하는 글자

美

- 훈 아름다울
- 음 미(:)
- 중 美 [měi] 메이

관련한자
美國(미국)
美談(미담)
美術(미술)
美容(미용)
美辭麗句
(미사여구)

유래

새 깃털로 만든 아름다운 모자를 쓰고 있는 모양

설명 옛날 사람들이 아름답고 화려하게 보이기 위해, 새의 깃털로 만든 예쁜 모자를 쓰고 있는 모양으로, **아름답다**라는 뜻의 글자

朴

- 훈 성(姓)
- 음 박
- 중 朴 [piáo] 피아오

관련한자
朴氏(박씨)
淳朴(순박)
朴赫居世
(박혁거세 :
신라의 시조)

유래

1. 뿌리부터 가지까지의 나무 전체를 나타낸 모양
2. 거북 등을 불로 지져 갈라진 금의 모양

설명 나무 목(木)과 점칠 복(卜)이 합쳐진 글자로, 옛날에 점을 칠 때, 불에 자연스럽게 갈라진 거북 등의 금(선) 같이 나무껍질이 있는 그대로 순수, 순박한 것을 나타내는데, 우리나라에서는 성씨로도 쓰여 성씨를 뜻하는 글자

聞	聞	聞	聞	聞	聞
들을 문					

총 14획 부 耳

米	米	米	米	米	米
쌀 미					

총 6획 부 米

美

美	美	美	美	美	美
아름다울 미					

총 9획 부 羊

朴	朴	朴	朴	朴	朴
성(姓) 박					

총 6획 부 木

班

훈 나눌 음 반
중 班 [bān] 빤

관련한자	유래

관련한자
班列(반열)
首班(수반)
兩班(양반)
越班(월반)
班常會
(반상회)

유래

둥근 옥구슬을 칼로 쪼개어 반씩 나눈 모양

설명 옥 구슬을 칼로 쪼개어 반씩 나눈 모양으로, 나누다라는 뜻의 글자

反

훈 돌이킬/돌아올 음 반:
중 反 [fǎn] 판

관련한자
反感(반감)
反對(반대)
反論(반론)
反復(반복)
違反(위반)

유래

넓적한 돌을 손으로 뒤집었다, 엎었다 하는 모양

설명 넓적한 돌을 손으로 뒤집었다 다시 엎었다 하는 모양으로, 어떤 것을 반대로 하거나 돌이킨다는 뜻의 글자

半

훈 반/절반 음 반:
중 半 [bàn] 빤

관련한자
半減(반감)
半旗(반기)
半年(반년)
半導體(반도체)
半身不隨
(반신불수)

유래

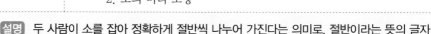
1. 칼로 나무를 두동강내어 나눈 모양
2. 소의 머리 모양

설명 두 사람이 소를 잡아 정확하게 절반씩 나누어 가진다는 의미로, 절반이라는 뜻의 글자

發

훈 필/쏠/일어날 음 발
중 发 [fā] 파

관련한자
發見(발견)
發給(발급)
發達(발달)
發明(발명)
一觸卽發
(일촉즉발)

유래

활을 쏘고 창을 던지며 두 발로 뻗어 나가는 모양

설명 활을 쏘고 창을 던지며 두 발로 뻗어 나가는 모양. 전쟁에 이겨 영토를 넓히고 문화를 일으켜 꽃피운다는 의미로, 피다라는 뜻의 글자   *다른 뜻: 나아갈 발, 쏠 발, 일어날 발

班	班	班	班	班	班
나눌 반					

총 10획 부 王/玉

反	反	反	反	反	反
돌이킬/돌아올 반					

총 4획 부 又

半	半	半	半	半	半
반/절반 반					

총 5획 부 十

發

發	發	發	發	發	發
필/쏠/일어날 발					

총 12획 부 癶

放

관련한자
放課(방과)
放牧(방목)
放送(방송)
放心(방심)
放射能
(방사능)

(훈) 놓을 (음) 방(:)
(중) 放 [fàng] 팡

유래

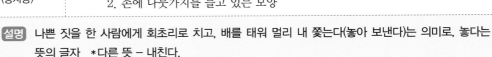

1. 배 두 척이 매어 있는 모양
2. 손에 나뭇가지를 들고 있는 모양

(설명) 나쁜 짓을 한 사람에게 회초리로 치고, 배를 태워 멀리 내 쫓는다(놓아 보낸다)는 의미로, 놓다는 뜻의 글자　*다른 뜻 – 내친다.

番

관련한자
缺番(결번)
當番(당번)
番號(번호)
順番(순번)
地番(지번)

(훈) 차례 (음) 번
(중) 番 [fān] 판

유래

밭에 씨를 뿌리면서 지나간 자국이 차례차례로
나 있는 모양

(설명) 농부가 밭에 씨를 뿌리면서 지나간 발자국이 차례차례로 나 있는 것을 보고 만든 글자로, 차례라는 뜻의 글자

別

관련한자
別個(별개)
別名(별명)
別味(별미)
別世(별세)
別添(별첨)

(훈) 다를/나눌 (음) 별
(중) 別 [bié] 비에

유래

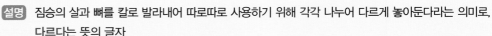

1. 짐승의 살과 뼈를 발라놓은 모양
2. 칼을 나타낸 모양

(설명) 짐승의 살과 뼈를 칼로 발라내어 따로따로 사용하기 위해 각각 나누어 다르게 놓아둔다라는 의미로, 다르다는 뜻의 글자

病

관련한자
問病(문병)
病暇(병가)
病席(병석)
病勢(병세)
同病相憐
(동병상련)

(훈) 병/질병 (음) 병:
(중) 病 [bìng] 삥

유래

1. 병이 들어 아파누운 사람의 모양
2. 아궁이에 불을 지펴 뜨거워진 모양

(설명) 몸이 아파 누워 있는 사람의 몸은 아궁이에 불을 지피듯이 뜨거운 열이 있어 병들었다는 의미로, 병들다는 뜻의 글자

放放放放放放

놓을 방

총 8획 부 攵

番番番番番番

차례 번

총 12획 부 田

別別別別別別

다를/나눌 별

총 7획 부 刂

病病病病病病

병/질병 병

총 10획 부 疒

服

(훈) 옷/따를 (음) 복
(중) 服 [fú] 푸

관련한자
感服(감복)
校服(교복)
克服(극복)
承服(승복)
征服(정복)

유래

1. 고깃덩어리를 나타낸 모양
2. 손으로 무릎을 꿇려서 복종시키는 모양

설명 사람의 신체(月)에 잘 맞추어(복종하여) 무릎 부분까지 감싸서 입는 하의 옷을 나타내어 옷을 뜻하는 글자

本

(훈) 근본 (음) 본
(중) 本 [běn] 번

관련한자
本國(본국)
本能(본능)
本論(본론)
本社(본사)
本業(본업)

유래
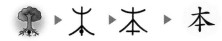

나무의 근본이 되는 뿌리에 점을 찍어 나타낸 모양

설명 뿌리는 눈에 보이지 않지만 나무의 기초가 되는 중요한 근본이라는 표시로 점을 찍은 모양으로, 근본이라는 뜻의 글자

部

(훈) 떼/나눌/부분 (음) 부
(중) 部 [bù] 뿌

관련한자
部落(부락)
部分(부분)
部首(부수)
部品(부품)
外部(외부)

유래

1. 양쪽으로 나누어 갈라서서 말다툼하는 모양
2. 고을의 큰 울타리와 조용히 꿇어앉은 사람의 모양

설명 나라를 다스리기 편하도록 여러 개의 고을(무리)로 갈라 나눈다는 의미로, 나누다는 뜻의 글자
*다른 뜻 : 마을 부, 관청 부

分

(훈) 나눌 (음) 분(:)
(중) 分 [fēn] 펀

관련한자
分納(분납)
分斷(분단)
分擔(분담)
分量(분량)
分類(분류)

유래

칼로써 나무를 두동강내어 나눈 모양

설명 칼로 물건을 양쪽으로 나눈 모양으로, 나누다라는 뜻의 글자

총 8획　부 月

服 服 服 服 服 服

옷/따를 복

총 5획　부 木

本 本 本 本 本 本

근본 본

총 11획　부 阝

部 部 部 部 部 部

떼/나눌/부분 부

총 4획　부 刀

分 分 分 分 分 分

나눌 분

社

관련한자	유래

관련한자
本社(본사)
社說(사설)
社交(사교)
社員(사원)
株式會社
(주식회사)

유래

1. 제사 때 신에게 보이는 제물의 모양
2. 만물이 자라는 땅(흙)을 나타낸 모양

(훈) 모일 (음) 사
(중) 社 [shè] 셔

설명 옛날에는 땅이 가장 귀중하여, 토지(땅)를 수호하는 신에게 제사를 지낼 때는 많은 사람들이 제사를 보기 위해 모인다는 의미로, 모인다라는 뜻의 글자

死

관련한자
凍死(동사)
死境(사경)
死亡(사망)
慘死(참사)
死生決斷
(사생결단)

유래

뼈 모양과 죽어 거꾸로 된 사람의 모양

(훈) 죽을 (음) 사:
(중) 死 [sǐ] 쓰

설명 보통 사람들과는 다르게 거꾸로 선 사람은 변했다는 의미로, 사람의 살이 없어져 앙상한 뼈로 변한 데서 죽다라는 뜻의 글자

使

관련한자
大使(대사)
使命(사명)
使臣(사신)
特使(특사)
咸興差使
(함흥차사)

유래
1. 걸어가는 사람의 모양
2. 말없이 가운데서 공평하게 일을 하는 관리의 모양

(훈) 하여금/부릴 (음) 사:
(중) 使 [shǐ] 스

설명 사람 인(人)과 관리 리(吏)가 합쳐진 글자로, 위 사람이 자기가 시키는 대로 관리들이 일을 하게끔 부린다라는 의미의 글자

書

관련한자
覺書(각서)
書類(서류)
書面(서면)
書信(서신)
書藝(서예)

유래
성현의 말씀을 붓으로 적는 모양

(훈) 글 (음) 서
(중) 书 [shū] 슈

설명 임금의 말씀을 잊지 않기 위해 붓으로 적어놓는 글을 의미하여, 글이라는 뜻의 글자

社 社 社 社 社 社

모일   사

총 8획 부 示

死 死 死 死 死 死

죽을 사

총 6획 부 歹

使 使 使 使 使 使

하여금/부릴 사

총 8획 부 亻

書 書 書 書 書 書

글   서

총 10획 부 日

石

관련한자
寶石 (보석)
石材 (석재)
石炭 (석탄)
巖石 (암석)
他山之石
(타산지석)

유래

언덕에서 떨어진 큰 돌의 모양

훈 돌 음 석
중 石 [shí] 스

설명 낭떠러지에서 쿵 하고 떨어진 돌을 보고 만든 글자

席

관련한자
客席 (객석)
空席 (공석)
席次 (석차)
首席 (수석)
坐不安席
(좌불안석)

유래

1. 집 안에 20명(많은 사람)이 있는 모양
2. 수건과 같은 천을 걸치고 있는 모양

훈 자리 음 석
중 席 [xí] 시

설명 집 안에 여러 사람(20명)이 앉을 수 있게 천(수건)으로 만든 것이 방석과 같은 자리라는 의미로, **자리**를 뜻하는 글자

線

관련한자
曲線 (곡선)
光線 (광선)
無線 (무선)
線路 (선로)
紫外線
(자외선)

유래

1. 실타래를 나타낸 모양
2. 땅에서 솟아 나온 샘물이 흘러가는 모양

훈 줄 음 선
중 线 [xiàn] 시엔

설명 샘에서 솟아 나온 물이 길게 이어져 흘러가는 것처럼, 실을 길게 연결한 것이 줄(선)이라는 뜻의 글자

雪

관련한자
大雪 (대설)
白雪 (백설)
雪辱 (설욕)
暴雪 (폭설)
雪上加霜
(설상가상)

유래

하늘에서 내리는 것을 빗자루로 쓰는 모양

훈 눈 음 설
중 雪 [xuě] 쉬에

설명 하늘에서 내리는 것을 빗자루로 깨끗이 쓸어야 하는 것은 눈이라는 뜻의 글자

石	石	石	石	石	石
돌 석					

총 5획 부 石

席	席	席	席	席	席
자리 석					

총 10획 부 巾

線	線	線	線	線	線
줄 선					

총 15획 부 糸

雪

雪	雪	雪	雪	雪	雪
눈 설					

총 11획 부 雨

省

(훈) 살필/덜 **(음)** 성/생
(중) 省 [xǐng/shěng] 씽/셩

관련한자
歸省(귀성)
反省(반성)
省略(생략)
自省(자성)
昏定晨省
(혼정신성)

유래

1. 작은 과일들을 다시 칼로 나누어 더 작아진 모양
2. 사람의 눈을 나타낸 모양

설명 무엇을 자세히 보기 위해, 눈(目)을 가늘게 뜨고 적은(少) 것까지도 꼼꼼히 살핀다는 의미로, 살피다 라는 뜻의 글자

成

(훈) 이룰 **(음)** 성
(중) 成 [chéng] 청

관련한자
成功(성공)
成事(성사)
完成(완성)
贊成(찬성)
大器晚成
(대기만성)

유래

전쟁에서 빼앗은 땅에 못을 박아 표시하고 창으로 지키는 모양

설명 옛날, 전쟁에서 이겨 빼앗은 땅에 그 표시로 못을 박아 국경을 정하고, 창으로 지키면 안정이 되어 모든 것을 다 이루어 낸 것이라는 의미로, **이루다**라는 뜻의 글자

消

(훈) 사라질 **(음)** 소
(중) 消 [xiāo] 시아오

관련한자
消毒(소독)
消防(소방)
消息(소식)
消化(소화)
解消(해소)

유래

1. 흐르는 물의 모양
2. 고기(月)를 작게(小) 자르면 그 본래의 모양이 없어진다는 의미

설명 고기(月)를 작게(小) 자꾸 자르면 그 본래의 모양이 없어지듯, 물(水)도 점점 줄어들면 사라져 버린 다는 의미로, 사라지다는 뜻의 글자

速

(훈) 빠를 **(음)** 속
(중) 速 [sù] 쑤

관련한자
減速(감속)
過速(과속)
速度(속도)
速報(속보)
速戰速決
(속전속결)

유래

1. 여러 그루의 나무들을 끈으로 묶어 놓은 모양
2. 멈춘 발이 조금 조금씩 움직여 가는 모양

설명 산에서 나무를 베어 나를 때, 한 그루씩 나르지 않고 많은 나무를 묶어서 한꺼번에 가면 빠르다는 뜻의 글자

省

살필/덜 성/생

총 9획 부 目

省 省 省 省 省 省

成

이룰 성

총 7획 부 戈

成 成 成 成 成 成

消

사라질 소

총 10획 부 氵

消 消 消 消 消 消

速

빠를 속

총 11획 부 辶

速 速 速 速 速 速

孫

(훈) 손자 (음) 손(:)
(중) 孙 [sūn] 쑨

| 관련한자 | 유래 |

外孫(외손)
子孫(자손)
宗孫(종손)
後孫(후손)
子子孫孫
(자자손손)

1. 귀한 아이가 태어난 모양으로 아들을 나타냄
2. 서로 연결된 실타래의 모양

(설명) 아들 자(子)와 이을 계(系)가 합쳐진 글자로, 아들의 뒤를 이어 계속되는 자손이, 아들의 자식인 손자라는 뜻의 글자

樹

(훈) 나무 (음) 수
(중) 树 [shù] 슈

| 관련한자 | 유래 |

樹立(수립)
樹木(수목)
樹液(수액)
街路樹(가로수)
果樹園(과수원)

1. 뿌리부터 가지까지의 나무 전체를 나타낸 모양
2. 손으로 북을 세울 때, 일정한 규칙과 순서에 의한다는 모양

(설명) 나무는 반듯하게 세워서 심고 가꾸어야 튼튼한 나무가 된다는 의미로, 나무라는 뜻의 글자

術

(훈) 재주 (음) 술
(중) 术 [shù] 슈

| 관련한자 | 유래 |

技術(기술)
美術(미술)
藝術(예술)
醫術(의술)
話術(화술)

1. 어떤 방향으로도 갈 수 있는 네거리 길의 모양
2. 뿌리가 무성하고 약으로 쓰이는 식물인 삽주의 모양

(설명) 다닐 행(行)과 삽주 출(朮)이 합쳐진 글자로, 연약한 삽주풀의 뿌리가 재주부리듯 사방으로 뻗어 나가는 모양으로, 재주라는 뜻의 글자

習

(훈) 익힐 (음) 습
(중) 习 [xí] 시

| 관련한자 | 유래 |

習慣(습관)
習得(습득)
復習(복습)
實習(실습)
練習(연습)

1. 새의 양쪽 날개깃을 나타내는 모양
2. 밝게 비추는 햇빛이 눈부시게 희다는 뜻을 나타낸 모양

(설명) 막 태어나 아직 자기 색깔을 가지지 못한 어린 흰(白) 새가 스스로 날기 위해 열심히 날개(羽) 짓을 하여 익힌다는 뜻의 글자

孫	孫	孫	孫	孫	孫
손자 손					

총 10획 부 子

樹	樹	樹	樹	樹	樹
나무 수					

총 16획 부 木

術	術	術	術	術	術
재주 술					

총 11획 부 行

習	習	習	習	習	習
익힐 습					

총 11획 부 羽

勝

(훈) 이길 (음) 승

(중) 胜 [shèng] 셩

관련한자

決勝(결승)
勝敗(승패)
完勝(완승)
優勝(우승)
乘勝長驅
(승승장구)

유래

몸을 나타내는 고기 육(肉)과 양손 그리고 힘이 합쳐진 모양

설명 어떤 어려움이 있어도, 몸으로 부딪치고 양손으로 있는 힘을 다해 싸우면 반드시 이긴다는 뜻의 글자

始

(훈) 비로소/처음 (음) 시:

(중) 始 [shǐ] 스

관련한자

開始(개시)
始動(시동)
始初(시초)
原始(원시)
年末年始
(연말연시)

유래

1. 다소곳이 앉아 있는 여자의 모습
2. 뱃속의 태아 모양

설명 여자의 뱃속에 있는 아이는 생명체가 시작되는 처음이라는 의미로, 처음이라는 뜻의 글자

式

(훈) 법 (음) 식

(중) 式 [shì] 스

관련한자

公式(공식)
方式(방식)
式順(식순)
禮式(예식)
開幕式
(개막식)

유래

장인이 물건을 만들 때 먹물로 표시하여 똑같이 만드는 모양

설명 옛날 장인들이 물건을 만들 때, 하나하나 먹물로 표시를 하여 똑같이 일정한 형식과 법칙에 따라 만들었다는 의미로, 법칙·법이라는 뜻의 글자 *장인 : 물건을 만드는 사람

神

(훈) 귀신 (음) 신

(중) 神 [shén] 션

관련한자

神父(신부)
神秘(신비)
神聖(신성)
神話(신화)
失神(실신)

유래

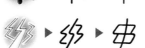
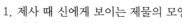

1. 제사 때 신에게 보이는 제물의 모양
2. 번개가 치는 모양

설명 제사를 지내는 사람의 정성에 복을 내려 하늘의 뜻을 보이기도(示) 하고, 번개(申)로 악을 벌 주기도 하여, 인간에게 복과 화를 주는 것이 신·귀신이라는 뜻의 글자

勝	勝	勝	勝	勝	勝
이길 승					

총 12획 부 力

始	始	始	始	始	始
비로소/처음 시					

총 8획 부 女

式	式	式	式	式	
법 식					

총 6획 부 弋

神	神	神	神	神	神
귀신 신					

총 10획 부 示

22회 6급 급수한자

身

훈 몸　**음** 신
중 身 [shēn] 션

관련한자
身邊(신변)
身上(신상)
身體(신체)
避身(피신)
立身揚名
(입신양명)

유래

긴 막대를 뒤로하여 큰 배를 불룩 튀어나오게 한 모양

설명 긴 막대를 뒤로하여 큰 배를 불룩 튀어나오게 한 모양으로, 사람 신체의 중심에 있는 배가 우리 몸 이라는 뜻의 글자 *다른 유래 : 아기를 가진 임신한 여자의 큰 배 모양

信

훈 믿을　**음** 신:
중 信 [xìn] 씬

관련한자
信賴(신뢰)
信望(신망)
信奉(신봉)
信用(신용)
信義(신의)

유래

다른 사람의 말을 믿는 모양

설명 사람 인(人)과 말씀 언(言)이 합쳐진 글자로, 사람이 하는 말은 마음속에서 우러나와야 참되고 믿을 수 있다는 의미로, 믿다라는 뜻의 글자

新

훈 새　**음** 신
중 新 [xīn] 신

관련한자
刷新(쇄신)
新規(신규)
新聞(신문)
新築(신축)
最新(최신)

유래

1. 땅 위에 두 팔과 두 다리를 벌리고 곧게 서 있는 사람의 모양
2. 뿌리부터 가지까지의 나무 전체를 나타낸 모양
3. 도끼의 모양

설명 살아 서(立) 있는 나무(木)를 도끼(斤)로 잘라내면, 다시 그 자리에 새로운 싹이 돋아난다는 의미로, 새롭다는 뜻의 글자

失

훈 잃을　**음** 실
중 失 [shī] 스

관련한자
損失(손실)
失望(실망)
失手(실수)
失業(실업)
失職(실직)

유래

손에서 물건이 빠져나가 잃어버린 모양

설명 손에 쥐고 있던 돈이나 물건이 밑으로 떨어져 잃어버리거나 놓친다는 의미로, 잃다라는 뜻의 글자

身 身 身 身 身 身

몸 신

총 7획 부 身

信 信 信 信 信 信

믿을 신

총 9획 부 亻

新 新 新 新 新 新

새 신

총 13획 부 斤

失 失 失 失 失 失

잃을 실

총 5획 부 大

아이한자 **49**

愛

| 훈 | 사랑 | 음 | 애(:) |
| 중 | 愛 [ài] 아이 |

관련한자
愛人(애인)
愛情(애정)
愛着(애착)
戀愛(연애)
愛之重之
(애지중지)

유래

1. 손으로 물건을 주는 모양
2. 심장의 모양으로 마음을 나타낸 것
3. 빨리 가지 못해 뒤처진 의미로 발이 거꾸로 된 모양

설명 좋아하는 사람에게 물건(선물)을 주기 위해 두근거리는 마음으로 다가가는 것이 애정·사랑이라는 뜻의 글자

野

| 훈 | 들(坪) | 음 | 야: |
| 중 | 野 [yě] 이에 |

관련한자
野球(야구)
野望(야망)
野史(야사)
野心(야심)
野遊會
(야유회)

유래

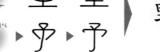

1. 곡식을 주는 밭이 많은 땅에서 마을을 이룬다는 의미의 모양
2. 베 짜는 기계에 씨실을 끼워 주는 모양

설명 마을(里) 사람들에게 곡식을 거두어들일 수 있게 논과 밭을 주는(予) 것이 들판이라는 의미로, 들이라는 뜻의 글자

夜

| 훈 | 밤 | 음 | 야: |
| 중 | 夜 [yè] 이에 |

관련한자
深夜(심야)
夜景(야경)
夜食(야식)
夜學(야학)
錦衣夜行
(금의야행)

유래

깜깜한 밤에 담 넘어 산에 달이 나와 있는 모양

설명 주위가 깜깜해져 담 넘어 쳐다보니, 산에 해가 지고 달이 나와 있는 모양으로, 이는 밤이라는 뜻의 글자

藥

| 훈 | 약 | 음 | 약 |
| 중 | 药 [yào] 야오 |

관련한자
毒藥(독약)
補藥(보약)
藥草(약초)
藥品(약품)
藥石之言
(약석지언)

유래

1. 풀의 새싹이 피어난 모양
2. 즐거운 흥을 돋구는 북 모양

설명 풀의 잎으로 만든 것이, 아파서 괴로워하는 사람들의 병을 낫게 하여 즐거움을 주는 약이 된다는 의미로, 약을 뜻하는 글자

愛 愛 愛 愛 愛 愛

사랑 애

총 13획 부 心

野 野 野 野 野 野

들(坪) 야

총 11획 부 里

夜 夜 夜 夜 夜 夜

밤 야

총 8획 부 夕

藥 藥 藥 藥 藥 藥

약 약

총 19획 부 艹

弱

관련한자

強弱(강약)
弱勢(약세)
弱化(약화)
虛弱(허약)
弱肉強食
(약육강식)

유래

날개가 처진 힘없는 어린 새의 모양

훈 약할 음 약
중 弱 [ruò] 루어

설명 막 태어난 새끼 새들의 날개가 나란히 축 처져, 날 수도 없고 너무 약하다는 뜻의 글자

陽

관련한자

夕陽(석양)
陽氣(양기)
陽性(양성)
太陽(태양)
漢陽(한양)

유래

1. 언덕을 나타낸 모양
2. 햇볕이 쨍쨍 내리쬐는 모양

훈 볕 음 양
중 阳 [yáng] 양

설명 높은 언덕 위에는 장애물이 없어 햇볕이 더 밝게 비친다는 의미로, (햇)볕이라는 뜻의 글자

洋

관련한자

東洋(동양)
西洋(서양)
洋弓(양궁)
洋食(양식)
海洋(해양)

유래

1. 흐르는 물의 모양
2. 양의 머리를 나타낸 모양

훈 큰 바다 음 양
중 洋 [yáng] 양

설명 많은 양(羊) 떼가 무리 지어 움직이는 모양이 마치, 많은 물결(水)이 출렁거리는 큰 바다같다라는 뜻의 글자

言

관련한자

名言(명언)
宣言(선언)
言論(언론)
言約(언약)
一言之下
(일언지하)

유래

날카롭게 찌르는 창처럼 거침없이 말하는 입의 모양

훈 말씀 음 언
중 言 [yán] 이엔

설명 머릿속의 생각을 곧바로 창으로 찌르듯, 입으로 내뱉는 것이 말(말씀)이라는 뜻의 글자

弱　弱　弱　弱　弱　弱

약할 약

총 10획　부 弓

陽　陽　陽　陽　陽　陽

볕 양

총 12획　부 阝

洋　洋　洋　洋　洋　洋

큰 바다 양

총 9획　부 氵

言　言　言　言　言　言

말씀 언

총 7획　부 言

業

(훈) 업 (음) 업
(중) 业 [yè] 이에

관련한자
家業(가업)
開業(개업)
企業(기업)
業務(업무)
業體(업체)

유래

나무를 깎아 만든 악기를 거는 틀의 모양

설명 악기나 종을 치기 위해서는 먼저 악기를 걸어야 하는 나무틀을 만들어야 하는데, 어떤 것을 하는데 있어 먼저 필요한 일 또는 업이라는 의미로, 업이라는 뜻의 글자 *먼저 일어난 업(일)이라는 의미로 전생의 선악의 행위

永

(훈) 길 (음) 영:
(중) 永 [yǒng] 용

관련한자
永訣(영결)
永久(영구)
永眠(영면)
永住(영주)
靑丘永言
(청구영언:최초의 시조집)

유래
작은 물줄기가 모여 끝없이 길게 흐르는 모양

설명 여러 갈래의 냇물의 줄기가 하나 · 둘 합쳐져서, 큰 강이 되어 흘러가는 그 흐름이 길고도 길다는 뜻의 글자

英

(훈) 꽃부리/뛰어날 (음) 영
(중) 英 [yīng] 잉

관련한자
英國(영국)
英數(영수)
英語(영어)
英才(영재)
育英(육영)

유래

1. 풀의 새싹이 피어난 모양
2. 물건의 가운데를 머리 위에 얹고 있는 모양

설명 풀들의 중앙에 피어 있는 꽃(꽃부리)이 가장 아름답고 빛이 난다는 의미로, 꽃부리라는 뜻의 글자

溫

(훈) 따뜻할 (음) 온
(중) 溫 [wēn] 원

관련한자
溫氣(온기)
溫冷(온냉)
溫度(온도)
溫情(온정)
高溫多濕
(고온다습)

유래

목마른 죄수에게 물을 그릇에 담아주는 따뜻한 마음

설명 목마른 죄수에게 물을 그릇에 담아주는 따뜻한 마음을 나타내어, **따뜻하다**는 뜻의 글자

業 業 業 業 業 業

업 업

총 13획 **부** 木

永 永 永 永 永 永

길 영

총 5획 **부** 水

英 英 英 英 英 英

꽃부리/뛰어날 영

총 9획 **부** 艹

溫 溫 溫 溫 溫 溫

따뜻할 온

총 13획 **부** 氵

26회 6급 급수한자

勇

훈 날랠/날쌜 **음** 용:

중 勇 [yǒng] 용

관련한자

勇敢(용감)
勇斷(용단)
勇猛(용맹)
勇士(용사)
勇退(용퇴)

유래

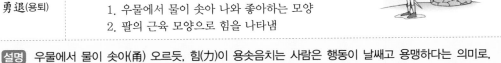

1. 우물에서 물이 솟아 나와 좋아하는 모양
2. 팔의 근육 모양으로 힘을 나타냄

설명 우물에서 물이 솟아(甬) 오르듯, 힘(力)이 용솟음치는 사람은 행동이 날쌔고 용맹하다는 의미로, 날쌔다라는 뜻의 글자 *다른 뜻 : 용감할 용

用

훈 쓸 **음** 용:

중 用 [yòng] 용

관련한자

濫用(남용)
用件(용건)
用務(용무)
用役(용역)
借用證
(차용증)

유래

점을 칠 때 거북이 등을 불로 지져 사용한 모양

설명 옛날 나라의 어려운 일이 있을 때는 점술가에게 맡겨 점을 치게 했는데, 점술가는 거북의 등을 불로 지져서 그 갈라진 금을 보고 점을 친 데서 나와, 점을 칠 때마다 거북이를 써서 했다는 의미로, 쓰다라는 뜻의 글자

運

훈 옮길/움직일 **음** 운:

중 运 [yùn] 윈

관련한자

運命(운명)
運送(운송)
運用(운용)
運河(운하)
運航(운항)

유래

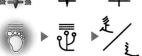

1. 전쟁에서 군사들이 전차 주위에 있는 모양
2. 멈춘 발이 조금 조금씩 움직여 가는 모양

설명 옛날 전쟁으로 영토를 넓히는 중요한 일은 전차와 군사들이 움직여서 이루어진다는 의미로, 움직인다는 뜻의 글자

園

훈 동산 **음** 원

중 园 [yuán] 위엔

관련한자

園兒(원아)
園藝(원예)
庭園(정원)
花園(화원)
幼稚園
(유치원)

유래

1. 큰 울타리 모양
2. 땅에 끌리는 긴 옷의 모양

설명 치렁치렁 장신구가 달린 옷처럼, 울타리 안에 온갖 과일들이 주렁주렁 매달려 있는 곳은 동산이라는 뜻의 글자

勇 勇 勇 勇 勇 勇 勇

날랠/날쌜 용

총 9획 부 力

用 用 用 用 用 用 用

쓸 용

총 5획 부 用

運 運 運 運 運 運 運

옮길/움직일 운

총 13획 부 辶

園 園 園 園 園 園 園

동산 원

총 13획 부 囗

遠

관련한자
遠近(원근)
遠大(원대)
永遠(영원)
遠征(원정)
不遠千里
(불원천리)

유래

1. 땅에 끌리는 긴 옷의 모양
2. 멈춘 발이 조금 조금씩 움직여 가는 모양

설명 옷을 챙겨 가지고 가야 할 만큼, 먼 길을 떠나가는 것을 나타내어, 멀다라는 뜻의 글자

훈 멀 음 원:
중 远 [yuǎn] 위엔

油

관련한자
給油(급유)
燈油(등유)
石油(석유)
送油管(송유관)
油印物(유인물)

유래

1. 흐르는 물의 모양
2. 조그만 씨앗이 시작되어 곡식(열매)이 되는 모양

설명 물 수(水)와 말미암을 유(由)가 합쳐진 글자로, 열매속의 씨를 짜낸 물(액체)이 기름이라는 의미의 글자

훈 기름 음 유
중 油 [yóu] 여우

由

관련한자
經由(경유)
事由(사유)
由來(유래)
緣由(연유)
理由(이유)

유래

조그만 씨앗이 시작되어 곡식(열매)이 되는 모양

설명 밭에 조그마한 싹이 나중에 곡식(열매)이 되는 것으로, 곡식은 밭의 싹에서 말미암아 된다는 뜻의 글자 *말미암다 : 이유가 되다.

훈 말미암을/행할 음 유
중 由 [yóu] 여우

銀

관련한자
銀賞(은상)
銀魚(은어)
銀貨(은화)
金銀房(금은방)
銀河水(은하수)

유래

1. 산 속에 묻혀 있는 쇠붙이의 모양
2. 앉아서 눈을 고정시키고 보는 모습

설명 옛날 사람들이 귀하게 여긴 은(銀)은 무한정 있는 것이 아니라는 의미로, 은을 뜻하는 글자

훈 은 음 은
중 银 [yín] 인

遠 遠 遠 遠 遠 遠

멀 원

총 14획 부 辶

油 油 油 油 油 油

기름 유

총 8획 부 氵

由 由 由 由 由 由

말미암을/행할 유

총 5획 부 田

銀 銀 銀 銀 銀 銀

은 은

총 14획 부 金

飮

훈 마실 **음** 음(:)
중 饮 [yǐn] 인

관련한자
過飮(과음)
試飮(시음)
飮料(음료)
飮酒(음주)
食飮全廢
(식음전폐)

유래

1. 뚜껑이 있는 밥그릇에 오곡밥이 가득 담긴 모양
2. 사람이 입을 크게 벌려 하품을 하는 모양

설명 밥 식(食)과 하품 흠(欠)이 합쳐진 글자로, 밥 먹을 때처럼 하품을 하듯 입을 크게 벌리고 물이나 술 같은 것을 마신다는 뜻의 글자

音

훈 소리 **음** 음
중 音 [yīn] 인

관련한자
高音(고음)
發音(발음)
音速(음속)
音樂(음악)
雜音(잡음)

유래

입 안에 혀가 보일 정도로 큰 소리를 내는 모양

설명 혀가 움직이며 입 안에서 나오는 것이 소리라는 뜻의 글자

意

훈 뜻/생각 **음** 의:
중 意 [yì] 이

관련한자
同意(동의)
意見(의견)
意味(의미)
意思(의사)
隨意契約
(수의계약)

유래

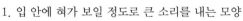

1. 입 안에 혀가 보일 정도로 큰 소리를 내는 모양
2. 사람의 심장 모양으로 마음을 나타냄

설명 마음(心) 속의 생각을 소리(音)(말)로서 나타내는 것이 그 사람의 뜻이라는 의미의 글자

衣

훈 옷 **음** 의
중 衣 [yī] 이

관련한자
衣類(의류)
衣裳(의상)
下衣(하의)
衣食住(의식주)
錦衣還鄉
(금의환향)

유래

옛날 사람들의 옷을 나타낸 모양

설명 옛날 사람들이 입던 치렁치렁하고 긴 옷의 모양을 나타내어, 옷을 뜻하는 글자

飮 飮 飮 飮 飮 飮

마실 음

총 13획 부 食

音 音 音 音 音 音

소리 음

총 9획 부 音

意 意 意 意 意 意

뜻/생각 의

총 13획 부 心

衣 衣 衣 衣 衣 衣

옷 의

총 6획 부 衣

29회 6급 급수한자

醫

- **훈** 의원 **음** 의
- **중** 医 [yī] 이

관련한자
- 名醫(명의)
- 醫術(의술)
- 醫院(의원)
- 韓醫學(한의학)
- 東醫寶鑑 (동의보감)

유래

1. 상자 속에 치료 도구가 있는 모양으로 화살이 도구를 나타냄
2. 손에 창을 들고 있는 모양
3. 술이 담긴 술병의 모양

설명 술병의 술로 소독, 마취를 시키고 치료 상자에서 도구를 꺼내 상처를 치료하는 사람이 의원이라는 뜻의 글자

者

- **훈** 놈/사람 **음** 자
- **중** 者 [zhě] 져

관련한자
- 强者(강자)
- 記者(기자)
- 病者(병자)
- 勝者(승자)
- 勤勞者 (근로자)

유래

1. 지팡이를 짚고 가는 늙은 노인의 모양
2. 밝게 비추는 햇빛이 눈부시게 희다는 뜻을 나타낸 모양

설명 옛날 노인(老)이 나이 어린 사람을 낮추어 흰소리(白) 할 때 '이놈', '저놈'하고 말하던 데서, 사람 · 놈을 뜻하는 글자

昨

- **훈** 어제 **음** 작
- **중** 昨 [zuó] 주어

관련한자
- 昨今(작금)
- 昨夜(작야)
- 昨日(작일)

유래

1. 낮에 세상을 환히 비추는 태양(해)의 모양
2. 집을 지을 때 잠깐 사이에 기둥과 지붕을 올린 모양

설명 날 일(日)과 잠깐 사(乍)가 합쳐진 글자로, 하루가 잠깐 사이에 지나가 버린 것을 나타내어, 지나간 날이 어제라는 뜻의 글자

作

- **훈** 지을 **음** 작
- **중** 作 [zuò] 쭈어

관련한자
- 作家(작가)
- 作動(작동)
- 作文(작문)
- 作別(작별)
- 作成(작성)

유래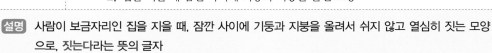

1. 걸어가는 사람의 모양
2. 집을 지을 때 잠깐 사이에 기둥과 지붕을 올린 모양

설명 사람이 보금자리인 집을 지을 때, 잠깐 사이에 기둥과 지붕을 올려서 쉬지 않고 열심히 짓는 모양으로, 짓는다라는 뜻의 글자

醫	醫	醫	醫	醫	醫
의원 의					

총 18획   부 酉

者	者	者	者	者	者
놈/사람 자					

총 9획   부 耂

昨	昨	昨	昨	昨	昨
어제 작					

총 9획   부 日

作	作	作	作	作	作
지을 작					

총 7획   부 亻

章

훈 글	음 장
중 章 [zhāng] 쨩	

관련한자
國章(국장)
樂章(악장)
印章(인장)
初章(초장)
體力章
(체력장)

유래

글의 뜻을 알기 위해 소리 내어 열 번을 읽은 모양

설명 어떤 글의 뜻을 알기 위해 큰 소리로 열 번은 읽어야 한다는 의미로, 글이라는 뜻의 글자

在

훈 있을	음 재:
중 在 [zài] 짜이	

관련한자
健在(건재)
在庫(재고)
在學(재학)
殘在(잔재)
存在(존재)

유래

1. 땅속의 씨앗(종자)이 뿌리를 내리고 땅 위로 싹이 돋아나는 모양
2. 만물이 자라는 땅(흙)을 나타낸 모양

설명 어린 싹이 땅속에 뿌리를 내려, 앞으로 계속 그 자리에서 존재하며 자라고 있다는 의미로, 있다라는 뜻의 글자

才

훈 재주	음 재
중 才 [cái] 차이	

관련한자
英才(영재)
才質(재질)
才致(재치)
天才(천재)
才子佳人
(재자가인)

유래

땅속의 씨앗(종자)이 뿌리를 내리고 땅 위로 싹이 돋아나는 모양

설명 막 태어난 새싹은 힘이 미약하지만, 장차 크게 될 능력(재주)이 있다는 의미로, 재주라는 뜻의 글자

戰

훈 싸움	음 전:
중 战 [zhàn] 짠	

관련한자
戰士(전사)
戰死(전사)
戰友(전우)
戰後(전후)
臨戰無退
(임전무퇴)

유래

1. 전쟁 때 혼자 앞서 나아가는 선봉 장군의 창을 나타낸 모양
2. 전쟁에서 사용한 큰 창의 모양

설명 선봉 장군의 창과 적의 창이 맞부딪쳐 전쟁이 시작된다는 의미로, 전쟁이라는 뜻의 글자

章	章	章	章	章	章
글 장					

총 11획 부 立

在	在	在	在	在	在
있을 재					

총 6획 부 土

才	才	才	才	才	才
재주 재					

총 3획 부 才

戰	戰	戰	戰	戰	戰
싸움 전					

총 16획 부 戈

庭

| 관련한자 | 유래 |

관련한자
校庭(교정)
庭球(정구)
庭園(정원)
親庭(친정)

1. 사람이 왕래하기 쉽게 한쪽이 트여져 있는 집의 모양
2. 갓을 쓴 선비(신하)가 곧게 서 있는 모양
3. 두루마리에 글을 길게 쓴 모양

(훈) 뜰 (음) 정
(중) 庭 [tíng] 팅

설명 신하들이 길게 늘어 서 있는 조정의 마당에 비를 맞지 않도록 지붕을 덮은 모양으로, 조정의 마당 (뜰)이라는 뜻의 글자 *조정 : 임금과 신하들이 나라 일을 보는 곳

定

관련한자
決定(결정)
假定(가정)
定價(정가)
定着(정착)
昏定晨省 (혼정신성)

집 안에서 각 사람들이 해야 할 일을 정한 모양

(훈) 정할 (음) 정:
(중) 定 [dìng] 띵

설명 집 안에서 물건의 위치를 정하고 각 사람이 해야 할 일(각각 발길이 닿는 곳)을 정한다는 의미로, 정하다라는 뜻의 글자

題

관련한자
課題(과제)
命題(명제)
宿題(숙제)
題目(제목)
主題(주제)

1. 해는 어긋남 없이 동쪽에서 서쪽으로 가는데 그 모양이 올바르다는 의미
2. 사람의 머리카락부터 목까지의 전체 머리를 나타낸 모양

(훈) 제목 (음) 제
(중) 題 [tí] 티

설명 옳을 시(是)와 머리 혈(頁)을 합친 글자로, 머리말을 옳고 바르게 써서 나타낸 것이 제목이라는 뜻의 글자

第

관련한자
及第(급제)
落第(낙제)
第宅(제택)
鄕第(향제)
第三者 (제삼자)

1. 대나무를 나타낸 모양
2. 나무에 가죽끈을 아래로 내려감은 모양

(훈) 차례 (음) 제:
(중) 第 [dì] 띠

설명 옛날 대나무(竹)에 글을 쓴 죽간을 차례차례 아래(弟)로 엮어 나간 모양에서, 차례라는 뜻의 글자

庭 庭 庭 庭 庭 庭

뜰 정

총 10획 부 广

定 定 定 定 定 定

정할 정

총 8획 부 宀

題 題 題 題 題 題

제목 제

총 18획 부 頁

第 第 第 第 第 第

차례   제

총 11획 부 竹

朝

| 훈 아침 | 음 조 |

중 朝 [zhāo] 쨔오

관련한자

王朝(왕조)
朝夕(조석)
朝鮮(조선)
朝廷(조정)
朝令暮改
(조령모개)

유래

서쪽으로 달이 사라지고 동쪽에 해가 떠오르는 모양

설명 서쪽으로 달이 사라지고 동쪽에 해가 떠오르는 모양으로, 날이 밝아오는 아침을 뜻하는 글자

族

| 훈 겨레 | 음 족 |

중 族 [zú] 주

관련한자

家族(가족)
同族(동족)
遺族(유족)
親族(친족)
血族(혈족)

유래

1. 모여 있는 무리를 표시하는 깃발
2. 화살의 모양을 보고 만든 글자

설명 적을 막기 위해 화살(矢)을 들고 같은 깃발 아래서 뭉쳐 있는 사람들이 같은 민족, 같은 겨레라는 뜻의 글자

晝

| 훈 낮 | 음 주 |

중 昼 [zhòu] 쩌우

관련한자

白晝(백주)
晝夜(주야)
不撤晝夜
(불철주야)
晝耕夜讀
(주경야독)

유래

붓으로 경계선을 그어 놓고 해가 있는 쪽이 낮이라는 의미

설명 붓으로 해가 뜨고 지는 경계선(一)을 그어 놓고, 밤과 구분하여 해가 있는 쪽이 낮이라는 뜻의 글자

注

| 훈 부을/물댈 | 음 주: |

중 注 [zhù] 쭈

관련한자

注目(주목)
注文(주문)
注射(주사)
注視(주시)
注入(주입)

유래

1. 흐르는 물의 모양
2. 집 한가운데에서 촛불의 불을 밝힌 모양으로, 중심이 되는 주인이라는 뜻

설명 농사를 지을 때 가장 중요한(중심이 되는) 물을 끌어와야 한다는 의미로, 물 대다라는 뜻의 글자

朝	朝	朝	朝	朝	朝
아침 조					

총 12획 부 月

族	族	族	族	族	族
겨레 족					

총 11획 부 方

晝	晝	晝	晝	晝	晝
낮 주					

총 11획 부 日

注	注	注	注	注	注
부을/물댈 주					

총 8획 부 氵

33회 6급 급수한자

集

(훈) 모을 (음) 집
(중) 集 [jí] 지

관련한자

募集(모집)
集計(집계)
集團(집단)
集會(집회)
離合集散
(이합집산)

유래

나무 위에 새가 모여 있는 모양

(설명) 울창한 나무가 여러 새들을 모은다는 의미로, 모으다라는 뜻의 글자

窓

(훈) 창 (음) 창
(중) 窗 [chuāng] 추앙

관련한자

窓口(창구)
窓門(창문)
鐵窓(철창)
學窓(학창)
窓户紙
(창호지)

유래

집에 난 창문의 모양

나 창문...

(설명) 높다란 집에 난 창살이 있는 창문의 모양으로 창을 뜻하는 글자 *다른 유래 : 구멍 혈(穴)과 사사로울 사(厶)와 마음 심(心)이 합쳐진 글자로, 사사로운 마음이 입이라는 구멍을 통해 말로 나타나듯 내부를 볼 수 있는 창을 의미

清

(훈) 맑을 (음) 청
(중) 清 [qīng] 칭

관련한자

肅清(숙청)
清潔(청결)
清廉(청렴)
清算(청산)
清風明月
(청풍명월)

유래

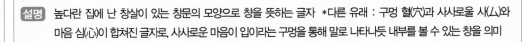

1. 흐르는 물의 모양
2. 화단에 푸른 식물과 그 싹이 자라는 모양

(설명) 물이 깨끗하여 푸른색이 있으면 아주 맑은 것이라는 의미에서 맑다는 뜻의 글자

體

(훈) 몸 (음) 체
(중) 体 [tǐ] 티

관련한자

體感(체감)
體得(체득)
體力(체력)
體面(체면)
物我一體
(물아일체)

유래

1. 살이 붙어 있는 뼈의 모양
2. 제사 그릇(제기)에 음식이 풍성하게 가득 담긴 모양

사람의 신체는 뼈와 살로 이루어져 있습니다.

(설명) 사람의 신체(몸)은 뼈와 살이 여러 군데 풍성하게 붙어 이루어진 것으로, 살아 있는 사람의 몸을 뜻하는 글자

集

集 集 集 集 集 集

모을 집

총 12획 부 隹

窓

窓 窓 窓 窓 窓 窓

창 창

총 11획 부 穴

清

清 清 清 清 清 清

맑을 청

총 11획 부 氵

體

體 體 體 體 體 體

몸 체

총 23획 부 骨

親

| 훈 | 친할 | 음 | 친 |
중 親 [qīn] 친

관련한자
親家(친가)
親權(친권)
親近(친근)
親切(친절)
親筆(친필)

유래

1. 나무 위에 사람이 올라가 서 있는 모양
2. 자세히 보기 위해 사람의 눈과 다리를 나타낸 모양

설명 부모가 자식 걱정으로 나무 위에 올라가 서서 지켜보고 있는 모양으로, 부모가 자식과 가장 친하다는 뜻의 글자

太

| 훈 | 클 | 음 | 태 |
중 太 [tài] 타이

관련한자
明太(명태-바닷물고기)
太陽(태양)
太祖(태조)
太初(태초)
太極旗(태극기)

유래

큰 대 글자 2개를 합쳐 엄청 큰 모양

설명 큰 대(大)를 2개 합쳐서 같은 글자를 점으로 나타낸 모양으로, 엄청 크다는 뜻의 글자
　　*다른 뜻 : '매우', '처음', '최초'의 뜻도 있음

通

| 훈 | 통할 | 음 | 통 |
중 通 [tōng] 통

관련한자
疏通(소통)
通告(통고)
通過(통과)
通報(통보)
通譯(통역)

유래

1. 우물에서 솟아오르는 물을 보고 있는 모양
2. 멈춘 발이 조금 조금씩 움직여 가는 모양

설명 조그만 우물에서 솟아 나온 물이 조금씩 자꾸 흘러가서 강이나 바다까지 통한다는 뜻의 글자

特

| 훈 | 특별할 | 음 | 특 |
중 特 [tè] 트어

관련한자
特講(특강)
特權(특권)
特級(특급)
特種(특종)
特徵(특징)

유래

1. 소의 머리 모양
2. 앞으로 나아가는 발과 맥박이 뛰는 손목을 나타낸 모양

설명 옛날 관청(절)에서는 몸집이 크고 튼튼한 소(종자 소)를 따로 길러, 그 새끼를 농가에 나누어 주어 농사를 잘 지을 수 있게 했는데, 이렇게 일반 소와 달리 관청에서 키우는 특별한 소라는 의미로, 특별하다는 뜻의 글자

親 親 親 親 親 親

친할 친

총 16획 부 見

太 太 太 太 太 太

클 태

총 4획 부 大

通 通 通 通 通 通

통할 통

총 11획 부 辶

特 特 特 特 特 特

특별할 특

총 10획 부 牛

表

(훈) 겉/가죽/나타낼 (음) 표
(중) 表 [biǎo] 비아오

관련한자	유래

公表(공표)
辭表(사표)
表示(표시)
表情(표정)
表裏不同
(표리부동)

二 두번째 + 衣 옷 의 ▶ 㐀 ▶ 表 ▶ 表

속옷 위로 2번째로 입는 겉옷을 나타낸 모양

(설명) 속옷 위에 2번째로 입는 옷이 겉(바깥)옷이라는 의미로, 거죽이라는 뜻의 글자 *다른 뜻 : 밝힐 표, 표표 *다른 의미: 털 모(毛)와 옷 의(衣)가 합쳐진 글자로, 옛날 짐승의 털(가죽)을 옷처럼 겉에 두르고 다녀 거죽을 뜻하는 글자

風

(훈) 바람 (음) 풍
(중) 风 [fēng] 펑

관련한자	유래

威風(위풍)
風景(풍경)
風物(풍물)
風俗(풍속)
風前燈火
(풍전등화)

땅속 벌레가 숨 쉬며 살게 하는 모양

(설명) 땅속에 있는 벌레가 숨을 쉬며 살 수 있게 하는 것은 바람이라는 뜻의 글자

合

(훈) 합할 (음) 합
(중) 合 [hé] 흐어

관련한자	유래

合計(합계)
合同(합동)
合席(합석)
合乘(합승)
烏合之卒
(오합지졸)

合 ▶ 合 ▶ 合 ▶ 合

여러 의견의 말(입)이 하나로 합한 모양

(설명) 집 안에서 회의를 할 때 여러 의견의 입(口)을 하나(一)로 합쳐서 결정한다는 의미로, 합하다는 뜻의 글자

行

(훈) 다닐/행할/갈 (음) 행(:)
(중) 行 [xíng] 씽

관련한자	유래

隨行(수행)
行軍(행군)
行商(행상)
行員(행원)
行爲(행위)

어떤 방향으로도 갈 수 있는 네거리 길의 모양

(설명) 네거리로 된 길의 모양으로 어떤 방향으로도 갈 수 있고 무엇이든지 행할 수 있다는 의미로, 행하다, 가다라는 뜻의 글자

表　表　表　表　表　表

겉/거죽/나타낼 표

총 8획　부 衣

바람 풍

총 9획　부 風

合　合　合　合　合　合

합할 합

총 6획　부 口

行　行　行　行　行　行

다닐/행할/갈 행

총 6획　부 行

幸

(훈) 다행/행복 (음) 행:

(중) 幸 [xìng] 씽

관련한자
多幸(다행)
不幸(불행)
天幸(천행)
幸運(행운)
千萬多幸
(천만다행)

유래

1. 젊은 나이에 죽은 사람 모습
2. 거꾸로 서 있는 사람의 모습

설명 젊은 나이에 죽게 될 운명이었는데, 그것을 거스르고(따르지 않고) 오래 살게 되어 다행이라는 뜻의 글자 *다른 유래 : 땅(土)과 양(羊) 따위의 가축이 많으면 다행(幸)이라는 뜻의 글자

向

(훈) 향할 (음) 향:

(중) 向 [xiàng] 시앙

관련한자
動向(동향)
方向(방향)
性向(성향)
意向(의향)
趣向(취향)

유래

집의 문이 남쪽을 향하고 있는 모양

설명 집을 지을 때 출입을 하는 입구는 따뜻한 남쪽을 향하게 한다는 의미로, 향하다라는 뜻의 글자

現

(훈) 나타날 (음) 현:

(중) 現 [xiàn] 시엔

관련한자
現實(현실)
現役(현역)
現在(현재)
現地(현지)
現職(현직)

유래

1. 옥으로 만든 구슬들을 꿰어 놓은 모양
2. 자세히 보기 위해 사람의 눈과 다리를 나타낸 모양

설명 옥돌을 윤이 나게 갈고닦아 가만히 보고 있으면, 표현할 수 없는 아름답고 찬란한 빛이 그 속에 나타난다는 뜻의 글자

形

(훈) 모양/형상 (음) 형

(중) 形 [xíng] 씽

관련한자
無形(무형)
形狀(형상)
形式(형식)
形態(형태)
形而上學
(형이상학)

유래

평평한 방패에 비친 여자의 긴 머리의 모양

설명 평평하게 붙여 놓은 방패에 비친 여자의 얼굴 형상을 나타내 형상이라는 뜻의 글자 *다른 뜻 : 얼굴 형, 나타날 형

幸	幸	幸	幸	幸	幸
다행/행복 행					

총 8획 **부** 干

向	向	向	向	向	向
향할 향					

총 6획 **부** 口

現	現	現	現	現	現
나타날 현					

총 11획 **부** 王/玉

形	形	形	形	形	形
모양/형상 형					

총 7획 **부** 彡

號

훈 이름/부르짖을 **음** 호(:)
중 号 [hào] 하오

관련한자
口號(구호)
國號(국호)
記號(기호)
商號(상호)
號數(호수)

유래

1. 배를 앞으로 쑥 내밀고 손을 입에 대고 큰소리로 외치는 모양
2. 발을 들고 있는 호랑이의 모양

설명 멀리 있는 사람의 이름을 크게 부르는 것처럼 호랑이가 크게 울음을 부르짖는다는 의미로, 부르짖다라는 뜻의 글자 *다른 뜻 : 이름 호

畫

훈 그림/그을 **음** 화:/획(劃)
중 画 [huà] 후아

관련한자
漫畫(만화)
壁畫(벽화)
映畫(영화)
畫室(화실)
自畫自讚
(자화자찬)

유래
누구의 밭인지 붓으로 경계를 그리는 모양

설명 누구의 밭인지 구분하기 위해 지도에 붓으로 경계를 그어 그림을 그린다는 의미로, 그림이라는 뜻의 글자 *다른 뜻 : 그을 획

和

훈 화할/화목할 **음** 화
중 和 [hé] 흐어

관련한자
調和(조화)
和睦(화목)
和合(화합)
和解(화해)
附和雷同
(부화뇌동)

유래

1. 벼의 이삭이 익어 고개 숙인 모양
2. 사람의 입을 나타낸 모양

설명 곡식(禾)을 사이좋게 나누어 먹으니(口) 서로 화목해 진다는 의미로, 화목하다라는 뜻의 글자

黃

훈 누를 **음** 황
중 黃 [huáng] 후앙

관련한자
黃泉(황천)
黃土(황토)
黃海(황해)
黃昏(황혼)
黃金萬能
(황금만능)

유래

빛 광(光)과 밭 전(田)을 합친 모양

설명 빛 광(光)과 밭 전(田)을 합친 모양으로, 밭의 빛깔을 황토색이라는 의미로 누렇다는 뜻의 글자

號

이름/부르짖을 호(:)

號 號 號 號 號 號

총 13획 부 虍

畫

그림/그을 화/획(劃)

畫 畫 畫 畫 畫 畫

총 12획 부 田

和

화할/화목할 화

和 和 和 和 和 和

총 8획 부 口

黃

누를 황

黃 黃 黃 黃 黃 黃

총 12획 부 黃

會

훈 모일 음 회:
중 会 [huì] 후에이

관련한자
會見(회견)
會計(회계)
會談(회담)
會社(회사)
懇談會
(간담회)

유래

그릇 뚜껑과 밥과 그릇이 모여 하나가 된 모양

설명 그릇 뚜껑과 음식물(밥) 그리고 그릇의 전혀 다른 생김새의 3가지가 모여서 하나가 된 모양으로, 모으다라는 뜻의 글자

訓

훈 가르칠 음 훈:
중 训 [xùn] 쉰

관련한자
家訓(가훈)
訓練(훈련)
訓放(훈방)
訓示(훈시)
訓民正音
(훈민정음)

유래
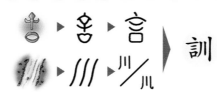

1. 날카롭게 찌르는 창처럼 거침없이 말하는 입의 모양
2. 냇물이 흐르는 냇가의 모양

설명 냇물(川)이 순리에 따라 위에서 아래로 흐르듯, 위 사람이 아랫사람에게 말(言)로서 모든 것을 가르친다는 뜻의 글자

총 13획 부 日

會	會	會	會	會	會
모일 회					

총 10획 부 言

訓	訓	訓	訓	訓	訓
가르칠 훈					

순번	한자	중국어	병음 총획	따라쓰기			
1	強 강할 강	强	[qiáng] 치앙 / 12획	强	强	强	
2	開 열 개	开	[kāi] 카이 / 4획	开	开	开	
3	計 셀 계	计	[jì] 찌 / 4획	计	计	计	
4	區 구분할 구	区	[qū] 취 / 4획	区	区	区	
5	級 등급 급	级	[jí] 지 / 7획	级	级	级	
6	對 대할 대	对	[duì] 뚜에이 / 5획	对	对	对	
7	圖 그림 도	图	[tú] 투 / 8획	图	图	图	
8	讀 읽을 독	读	[dú] 두 / 10획	读	读	读	
9	頭 머리 두	头	[tóu] 터우 / 5획	头	头	头	
10	樂 즐길/노래 락/악	乐	[lè/yuè] 르어, 위에 / 5획	乐	乐	乐	

순번	한자	중국어	병음 총획	따라쓰기		
11	禮 예도 례	礼	[lǐ] 리/5획	礼	礼	礼
12	綠 푸를 록	绿	[lǜ] 뤼/11획	绿	绿	绿
13	聞 들을 문	闻	[wén] 원/9획	闻	闻	闻
14	發 필 발	发	[fā] 파/5획	发	发	发
15	書 글 서	书	[shū] 슈/4획	书	书	书
16	線 줄 선	线	[xiàn] 시엔/8획	线	线	线
17	孫 손자 손	孙	[sūn] 쑨/6획	孙	孙	孙
18	樹 나무 수	树	[shù] 슈/9획	树	树	树
19	術 재주 술	术	[shù] 슈/5획	术	术	术
20	習 익힐 습	习	[xí] 시/3획	习	习	习

순번	한자	중국어	병음 총획	따라쓰기			
21	勝 이길 승	胜	[shèng] 성/9획	胜	胜	胜	
22	愛 사랑 애	爱	[ài] 아이/10획	爱	爱	爱	
23	藥 약 약	药	[yào] 야오/9획	药	药	药	
24	陽 볕 양	阳	[yáng] 양/7획	阳	阳	阳	
25	業 업 업	业	[yè] 이에/5획	业	业	业	
26	運 옮길 운	运	[yùn] 윈/7획	运	运	运	
27	園 동산 원	园	[yuán] 위엔/7획	园	园	园	
28	遠 멀 원	远	[yuǎn] 위엔/7획	远	远	远	
29	銀 은 은	银	[yín] 인/11획	银	银	银	
30	飮 마실 음	饮	[yǐn] 인/7획	饮	饮	饮	

순번	한자	중국어	병음 총획	따라쓰기		
31	醫 의원 의	医	[yī] 이/7획	医	医	医
32	戰 싸움 전	战	[zhàn] 짠/9획	战	战	战
33	題 제목 제	题	[tí] 티/15획	题	题	题
34	晝 낮 주	昼	[zhòu] 쩌우/9획	昼	昼	昼
35	窓 창 창	窗	[chuāng] 추앙/12획	窗	窗	窗
36	體 몸 체	体	[tǐ] 티/7획	体	体	体
37	親 친할 친	亲	[qīn] 친/9획	亲	亲	亲
38	風 바람 풍	风	[fēng] 펑/4획	风	风	风
39	現 나타날 현	现	[xiàn] 시엔/8획	现	现	现
40	號 이름 호	号	[hào] 하오/5획	号	号	号

순번	한자	중국어	병음 총획	따라쓰기		
41	畫 그림 화	画	[huà] 후아/8획	画	画	画
42	會 모을 회	会	[huì] 후에이/6획	会	会	会
43	訓 가르칠 훈	训	[xùn] 쉰/5획	训	训	训
44	角 뿔 각	角	jiǎo 지아오/7획	角	角	角
45	急 급할 급	急	jí 지/9획	急	急	急
46	近 가까울 근	近	jìn 찐/7획	近	近	近
47	半 반 반	半	bàn 빤/5획	半	半	半
48	社 모일 사	社	shè 셔/7획	社	社	社
49	雪 눈 설	雪	xuě 쉬에/11획	雪	雪	雪
50	消 사라질 소	消	xiāo 시아오/10획	消	消	消

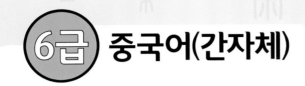

순번	한자	중국어	병음 총획	따라쓰기			
51	速 빠를 속	速	sù 쑤/10획	速	速	速	
52	神 귀신 신	神	shén 션/9획	神	神	神	
53	弱 약할 약	弱	ruò 루어/10획	弱	弱	弱	
54	溫 따뜻할 온	温	wēn 원/12획	温	温	温	
55	勇 날랠 용	勇	yǒng 용/9획	勇	勇	勇	
56	者 놈 자	者	zhě 져/8획	者	者	者	
57	淸 맑을 청	清	qīng 칭/11획	清	清	清	
58	通 통할 통	通	tōng 통/10획	通	通	通	
59	黃 누를 황	黄	huáng 후앙/11획	黄	黄	黄	

부 록

- 기출/예상 문제(2회)   **88**
- 사자성어 및 유형별 한자 익히기(반대자,유의자,동음이어)   **94**
- 찾아보기(6급, 150자)   **98**
- 기출/예상 문제(2회)   **100**

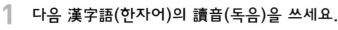

1 다음 漢字語(한자어)의 讀音(독음)을 쓰세요.
(1-33)

例	漢字 … 한자

1 衣服 (   ) 2 線分 (   )

3 勝算 (   ) 4 手術 (   )

5 運身 (   ) 6 本部 (   )

7 溫室 (   ) 8 速記 (   )

9 和合 (   ) 10 圖式 (   )

11 班長 (   ) 12 注目 (   )

13 民意 (   ) 14 重用 (   )

15 弱者 (   ) 16 地神 (   )

17 會社 (   ) 18 放電 (   )

19 草綠 (   ) 20 現金 (   )

21 空間 (   ) 22 文書 (   )

23 所信 (   ) 24 理由 (   )

25 出席 (   ) 26 通路 (   )

27 口頭 (   ) 28 便利 (   )

29 消火 (   ) 30 野球 (   )

31 銀行 (   ) 32 作家 (   )

33 立體 (   )

2 다음 漢字(한자)의 訓(훈:뜻)과 音(음:소리)를
쓰세요.
(34-5

例	三 … 석 삼

34 英 (   ) 35 使 (   )

36 短 (   ) 37 樹 (   )

38 昨 (   ) 39 淸 (   )

40 遠 (   ) 41 言 (   )

42 夜 (   ) 43 訓 (   )

44 風 (   ) 45 直 (   )

46 米 (   ) 47 界 (   )

48 角 (   ) 49 太 (   )

50 飮 (   ) 51 勇 (   )

52 根 (   ) 53 章 (   )

54 孫 (   ) 55 各 (   )

다음 밑줄 친 漢字語(한자어)를 漢字(한자)로 쓰세요.　　　　　　　　(56–75)

56 가뭄으로 <u>식수</u>가 부족하다.

57 우리 마을에서는 훌륭한 <u>인물</u>이 많이 나왔다.

58 <u>농촌</u>에서 모내기가 한창이다.

59 우리는 규칙적인 <u>생활</u>을 해야 한다.

60 우리나라 <u>국기</u>는 태극기이다.

61 우리는 <u>매년</u> 식목일에 나무를 심는다.

62 범인이 지은 죄를 <u>자백</u>했다.

63 우리 학교 <u>교가</u>는 부르기가 쉽다.

64 누가 먼저 갈 것인지 <u>선후</u>를 가리기로 했다.

65 도로를 내기 위해 <u>공사</u>를 하고 있다.

66 친구가 부르는 것을 <u>외면</u>하고 집으로 왔다.

67 <u>해녀</u>들이 미역을 따고 있다.

68 <u>차도</u>에 차들이 줄지어 달리고 있다.

69 <u>부정</u>한 방법으로 일을 해서는 안 된다.

70 학교에 <u>입학</u>한 지 2년이 지났다.

71 어려운 이웃을 <u>물심</u>양면으로 도와주자.

72 길을 건널 때는 <u>좌우</u>를 살피고 건넌다.

73 <u>유명</u>한 사람이 나를 보고 웃고 있다.

74 멀리 떨어져 계신 할머니께 <u>문안</u> 인사를 드렸다.

75 할아버지께서는 북한에 있는 고향 <u>산천</u>을 그리워하신다.

4 다음 漢字(한자)의 상대 또는 반대되는 漢字(한자)를 골라 그 번호를 쓰세요.　　(76–78)

76 言：① 行　② 作　③ 語　④ 本

77 春：① 今　② 少　③ 南　④ 秋

78 生：① 左　② 死　③ 始　④ 夜

5 다음 (　　) 안에 들어갈 漢字(한자)를 例(예)에서 골라 그 번호를 쓰시오.　　(79–81)

> 例　① 發　② 服　③ 同
> 　　④ 成　⑤ 省　⑥ 衣

79 一心(　　)體

80 百(　　)百中

81 白(　　)民族

모범답안은 100페이지에 있습니다.

6급 −1회

6 다음 漢字(한자)와 비슷한 漢字(한자)를 골라 그 번호를 쓰시오. (82−83)

82 訓 : ① 學　② 敎　③ 油　④ 雪

83 書 : ① 强　② 高　③ 章　④ 待

7 다음에서 소리는 같으나 뜻이 다른 漢字(한자)를 골라 그 번호를 쓰시오. (84−85)

84 共 : ① 空　② 事　③ 永　④ 放

85 等 : ① 童　② 度　③ 登　④ 席

8 다음 뜻을 가진 단어를 쓰시오. (86−87)

例　노인이나 약한 사람 ··· 노약자

86 어린아이의 마음 (　　　　)

87 동력을 이용하지 않고 손으로 움직이는 것 (　　　　)

9 다음 漢字(한자)의 필순을 밝히세요. (88−90)

88 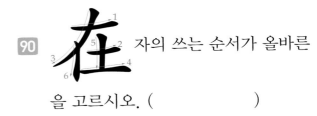 자의 쓰는 순서가 올바른 것을 고르시오. (　　　　)

가) 4-5-2-3-1
나) 1-5-4-2-3
다) 5-4-2-3-1
라) 5-4-1-2-3

89 定 자에서 8번 획은 몇 번째로 쓰는지 밝히시오. (　　　　)

90 在 자의 쓰는 순서가 올바른 을 고르시오. (　　　　)

가) 1-3-6-2-5-4
나) 1-3-6-2-4-5
다) 3-1-6-2-5-4
라) 3-1-6-2-4-5

1 다음 漢字語(한자어)의 讀音(독음)을 쓰세요.
(1-33)

例	漢字 ···▶ 한자

1 手術 (　　　)　**2** 急行 (　　　)

3 理由 (　　　)　**4** 成功 (　　　)

5 消火 (　　　)　**6** 公共 (　　　)

7 特別 (　　　)　**8** 便紙 (　　　)

9 庭園 (　　　)　**10** 反對 (　　　)

11 番地 (　　　)　**12** 新聞 (　　　)

13 强風 (　　　)　**14** 根本 (　　　)

15 時代 (　　　)　**16** 場所 (　　　)

17 角度 (　　　)　**18** 使命 (　　　)

19 孫子 (　　　)　**20** 方向 (　　　)

21 活動 (　　　)　**22** 親族 (　　　)

23 有感 (　　　)　**24** 童話 (　　　)

25 郡民 (　　　)　**26** 太陽 (　　　)

27 邑內 (　　　)　**28** 科目 (　　　)

29 世代 (　　　)　**30** 韓服 (　　　)

31 失禮 (　　　)　**32** 飮料 (　　　)

33 部長 (　　　)

2 다음 漢字(한자)의 訓(훈:뜻)과 음(음:소리)을
쓰세요.
(34-55)

例	字 ···▶ 글자 자

34 衣 (　　　)　**35** 路 (　　　)

36 英 (　　　)　**37** 角 (　　　)

38 紙 (　　　)　**39** 黃 (　　　)

40 登 (　　　)　**41** 根 (　　　)

42 雪 (　　　)　**43** 園 (　　　)

44 育 (　　　)　**45** 光 (　　　)

46 會 (　　　)　**47** 開 (　　　)

48 省 (　　　)　**49** 者 (　　　)

50 油 (　　　)　**51** 夏 (　　　)

52 海 (　　　)　**53** 勝 (　　　)

54 高 (　　　)　**55** 訓 (　　　)

모범답안은 100페이지에 있습니다.

3 다음 밑줄 친 漢字語(한자어)를 漢字(한자)로 쓰세요. (56~75)

56 규칙적으로 <u>식사</u>를 하면 건강에 좋다.

57 오늘 수업에는 <u>자연</u> 학습 시간이 있다.

58 <u>오전</u> 10시까지 가야 한다.

59 공중<u>전화</u> 앞에서 만나자.

60 체력은 <u>국력</u>이다.

61 땀 흘리는 <u>농부</u>의 모습은 아름답다.

62 모든 <u>생명</u>은 소중한 것이다.

63 그는 훌륭한 <u>가문</u>에서 태어났다.

64 우리 반에는 <u>여자</u>보다 남자가 더 많다.

65 며칠 후 세계적인 가수의 <u>내한</u> 공연이 있다.

66 용감한 우리 <u>해군</u>이 적들을 물리쳤다.

67 <u>안전</u>한 곳으로 안내했다.

68 이번 <u>수학</u>시험에서 백 점을 받았다.

69 할머니의 취미는 <u>화초</u> 가꾸기이다.

70 수업시작 <u>직전</u>에 들어왔다.

71 우리 <u>교실</u>은 항상 깨끗합니다.

72 이 건물은 <u>입구</u> 찾기가 어렵다.

73 찬호는 <u>어학</u> 실력이 아주 뛰어나다.

74 이 공원의 <u>정면</u>에는 시계탑이 있다.

75 심판은 항상 <u>중립</u>을 지켜야 한다.

4 다음 漢字(한자)의 상대 또는 반대되는 漢字(한자)를 골라 그 번호를 쓰세요. (76~7)

76 近 : ① 遠　② 省　③ 感　④ 動

77 晝 : ① 朝　② 長　③ 始　④ 夜

78 學 : ① 英　② 敎　③ 章　④ 石

5 다음 (　) 안에 들어갈 漢字(한자)를 例(예)에서 골라 그 번호를 쓰세요. (79~8)

例	① 右　② 白　③ 第 ④ 成　⑤ 百　⑥ 死

79 百戰(　　　)勝

80 生(　　　)苦樂

81 天下(　　　)一

6 다음 漢字(한자)와 비슷한 漢字(한자)를 골라 그 번호를 쓰시오. (82-83)

82 身 : ① 火 ② 地 ③ 體 ④ 有

83 話 : ① 信 ② 語 ③ 訓 ④ 記

7 다음에서 소리는 같으나 뜻이 다른 漢字(한자)를 골라 그 번호를 쓰세요. (84-85)

84 歌 : ① 區 ② 每 ③ 溫 ④ 家

85 界 : ① 計 ② 全 ③ 門 ④ 所

8 다음 뜻을 가진 단어를 쓰세요. (86-87)

例 노인이나 약한 사람 ⋯ 노약자

86 가르치고 기르는 것 (   )

87 한 나라의 국민이 쓰는 말 (   )

9 다음 漢字(한자)의 필순을 밝히세요. (88-90)

88  자의 쓰는 순서가 올바른 것을 고르시오. (   )

가) 4-2-3-1-5

나) 2-3-1-4-5

다) 2-3-1-5-4

라) 2-3-5-4-1

89 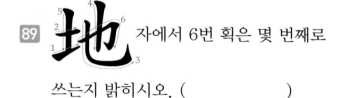 자에서 6번 획은 몇 번째로 쓰는지 밝히시오. (   )

90 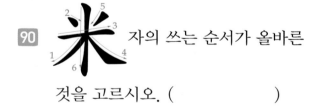 자의 쓰는 순서가 올바른 것을 고르시오. (   )

가) 3-2-5-6-1-4

나) 3-6-2-5-1-4

다) 2-5-3-6-1-4

라) 6-2-5-3-1-4

모범답안은 100페이지에 있습니다.

사자성어

公明正大(공명정대) : 하는 일이나 행동에 사사로움이 없이 떳떳하고 바르다는 뜻
九死一生(구사일생) : 죽을 고비를 여러 차례 겪고 겨우 살아 남은 것
男女有別(남녀유별) : 남자와 여자는 각각의 禮(예)로 구별해야 함
南男北女(남남북녀) : 남쪽은 남자가 준수하고 북쪽은 여자가 아름답다는 것
同苦同樂(동고동락) : 괴로움도 즐거움도 함께 더불어 함
東問西答(동문서답) : 물음에 대하여 전혀 얼토당토 않은 대답을 함
東西古今(동서고금) : 동양이나 서양. 옛날이나 지금을 통틀어 일컫는 말
東西南北(동서남북) : 동쪽, 서쪽, 남쪽, 북쪽의 사방
萬民平等(만민평등) : 모든 사람은 평등하다는 뜻
明明白白(명명백백) : 아주 명백하여 의심할 여지가 없다는 것
門前成市(문전성시) : 권세가나 부잣집에 방문객이 많아 문 앞이 시장을 이루다시피 붐비는 것
百年大計(백년대계) : 먼 뒷날까지에 걸친 큰 계획을 이르는 말
白面書生(백면서생) : 오로지 글만 읽어 세상에 경험이 없는 사람
百發百中(백발백중) : 계획한 일마다 실패 없이 잘 됨을 이르는 말
白衣民族(백의민족) : 예로부터 흰옷을 즐겨 입은 데서 '한민족'을 이르는 말
百戰百勝(백전백승) : 싸울 때마다 다 이기는 것
父母兄弟(부모형제) : 아버지와 어머니, 형과 아우
不遠千里(불원천리) : 천 리 길도 멀다고 여기지 않음
山戰水戰(산전수전) : 온갖 고생과 어려움을 겪을 대로 다 겪어 경험이 많음
山川草木(산천초목) : 산천과 초목, 즉 자연을 가리킴
三日天下(삼일천하) : 매우 짧은 기간 영화를 누림을 일컫는 말
生死苦樂(생사고락) : 삶과 죽음, 괴로움과 즐거움을 말함
身土不二(신토불이) : 몸과 흙은 둘이 아니다. 우리나라 땅에서 나는 농산물이 우리 몸에 좋다는 뜻
十中八九(십중팔구) : 열 가운데 여덟, 아홉으로 대부분을 뜻함
年中行事(연중행사) : 해마다 정기적으로 하는 행사
樂山樂水(요산요수) : 어진 이는 산을 좋아하고 지혜로는 자는 물을 좋아한다는 말. 즉, 산수의
                     경치를 좋아함
人命在天(인명재천) : 사람의 목숨은 하늘에 달려 있어 어쩔 수 없음
人山人海(인산인해) : 사람이 헤아릴 수 없을 만큼 모인 상태
一口二言(일구이언) : 한 입으로 두 가지 말을 함을 뜻함. 곧 말을 이랬다저랬다 함을 이르는 말
一心同體(일심동체) : 여러 사람이 굳게 뭉쳐 한마음 한몸 같음을 이르는 말
一日三秋(일일삼추) : 하루가 삼 년처럼 길게 느껴짐
一長一短(일장일단) : 하나의 장점과 하나의 단점이라는 뜻으로, 장점도 있고 단점도 있다는 것
自問自答(자문자답) : 스스로 묻고 스스로 답함

사자성어

子孫萬代(자손만대) : 자식과 손자들이 계속해서 이어져 나감

自手成家(자수성가) : 물려받은 것 없이 스스로의 힘으로 가정(성공)을 이룩함

作心三日(작심삼일) : 마음 먹은 것이 사흘을 가지 못한다는 말로, 한 번 결심한 것이 오래 가지 못함을 이르는 말

電光石火(전광석화) : 번개가 치거나 부싯돌이 부딪칠 때의 번쩍이는 빛이라는 뜻으로, 매우 짧은 시간이나 재빠른 동작을 비유하는 말

前後左右(전후좌우) : 앞쪽, 뒤쪽과 왼쪽, 오른쪽, 즉 四方(사방)을 뜻하는 말

天下第一(천하제일) : 세상에서 견줄 만한 것이 없다는 뜻

天下一色(천하일색) : 세상에서 가장 아름다운 여자를 말함

淸風明月(청풍명월) : 맑은 바람과 밝은 달의 뜻으로, 결백하고 온건한 사람의 성격을 이르는 말

草綠同色(초록동색) : 서로 같은 처지나 같은 부류의 사람들끼리 함께 행동함을 이르는 말

春夏秋冬(춘하추동) : 봄(春), 여름(夏), 가을(秋), 겨울(冬)의 네 계절을 이르는 말

八方美人(팔방미인) : 모든 면에서 두루 능통한 사람을 가리키는 말

花朝月夕(화조월석) : 꽃 피는 아침과 달 밝은 밤이라는 뜻으로, 경치가 썩 좋은 시절

반대(상대)자
뜻이 반대(상대)가 되는 한자

甘(달 감)-苦(쓸 고)

江(강 강)-山(메 산)

開(열 개)-閉(닫을 폐)

去(갈 거)-來(올 래)

巨(클 거)-小(작을 소)

京(서울 경)-鄕(시골 향)

輕(가벼울 경)-重(무거울 중)

競(다툴 경)-和(화할 화)

古(예 고)-今(이제 금)

苦(쓸 고)-樂(즐길 락)

高(높을 고)-低(낮을 저)

曲(굽을 곡)-直(곧을 직)

空(빌 공)-在(있을 재)

光(빛 광)-陰(그늘 음)

敎(가르칠 교)-學(배울 학)

君(임금 군)-民(백성 민)

近(가까울 근)-遠(멀 원)

男(사내 남)-女(계집 녀)

男(남녘 남)-北(북녘 북)

內(안 내)-外(바깥 외)

多(많을 다)-少(적을 소)

答(대답 답)-問(물을 문)

大(큰 대)-小(작을 소)

冬(겨울 동)-夏(여름 하)

東(동녘 동)-西(서녘 서)

動(움직일 동)-止(그칠 지)

登(오를 등)-落(떨어질 락)

老(늙을 로)-少(적을 소)

利(이할 리)-害(해할 해)

明(밝을 명)-暗(어두울 암)

母(어미 모)-子(아들 자)

物(물건 물)-心(마음 심)

班(나눌 반)-合(합할 합)

放(놓을 방)-操(잡을 조)

父(아비 부)-母(어미 모)

分(나눌 분)-合(합할 합)

死(죽을 사)-生(날 생)

社(모일 사)-散(흩을 산)

山(메 산)-川(내 천)

夕(저녁 석)-朝(아침 조)

先(먼저 선)-後(뒤 후)

成(이룰 성)-敗(패할 패)

사자성어 및 유형별 한자 익히기

반대(상대)자
뜻이 반대(상대)가 되는 한자

小(작을 소)−太(클 태)
消(사라질 소)−現(나타날 현)
水(물 수)−火(불 화)
手(손 수)−足(발 족)
勝(이길 승)−敗(패할 패)
始(비로소 시)−末(끝 말)
新(새 신)−古(예 고)
心(마음 심)−身(몸 신)
愛(사랑 애)−惡(미워할 오)

夜(밤 야)−午(낮 오)
有(있을 유)−無(없을 무)
日(날 일)−月(달 월)
入(들 입)−出(날 출)
子(아들 자)−女(계집 녀)
昨(어제 작)−今(이제 금)
長(긴 장)−短(짧을 단)
前(앞 전)−後(뒤 후)
祖(할아비 조)−孫(손자 손)

左(왼 좌)−右(오른 우)
主(주인 주)−客(손 객)
晝(낮 주)−夜(밤 야)
天(하늘 천)−地(따 지)
春(봄 춘)−秋(가을 추)
兄(형 형)−弟(아우 제)
訓(가르칠 훈)−學(배울 학)

유의자
뜻이 비슷한 한자

家(집 가)−室(집 실)
歌(노래 가)−樂(노래 악)
江(강 강)−河(물 하)
居(살 거)−住(살 주)
建(세울 건)−立(설 립)
景(볕 경)−陽(볕 양)
經(글 경)−書(글 서)
境(지경 경)−界(지경 계)
計(셀 계)−算(셈 산)
古(예 고)−舊(예 구)
共(한가지 공)−同(한가지 동)
果(실과 과)−實(열매 실)
光(빛 광)−色(빛 색)
敎(가르칠 교)−訓(가르칠 훈)
區(구분할 구)−別(나눌 별)
君(임금 군)−王(임금 왕)
軍(군사 군)−兵(병사 병)
郡(고을 군)−邑(고을 읍)
根(뿌리 근)−本(근본 본)

急(급할 급)−速(빠를 속)
年(해 년)−歲(해 세)
談(말씀 담)−言(말씀 언)
堂(집 당)−室(집 실)
道(길 도)−路(길 로)
圖(그림 도)−畫(그림 화)
洞(골 동)−里(마을 리)
等(무리 등)−級(등급 급)
綠(푸를 록)−靑(푸를 청)
文(글월 문)−書(글 서)
物(물건 물)−品(물건 품)
班(나눌 반)−分(나눌 분)
番(차례 번)−第(차례 제)
服(옷 복)−衣(옷 의)
死(죽을 사)−殺(죽일 살)
社(모일 사)−會(모일 회)
算(셈 산)−數(셈 수)
生(날 생)−活(살 활)
先(먼저 선)−前(앞 전)

性(성품 성)−心(마음 심)
樹(나무 수)−木(나무 목)
身(몸 신)−體(몸 체)
安(편안 안)−全(온전 전)
永(길 영)−遠(멀 원)
午(낮 오)−晝(낮 주)
運(옮길 운)−動(움직일 동)
有(있을 유)−在(있을 재)
才(재주 재)−術(재주 술)
正(바를 정)−直(곧을 직)
出(날 출)−生(날 생)
村(마을 촌)−里(마을 리)
土(흙 토)−地(따 지)
便(편안 편)−安(편안 안)
學(배울 학)−習(익힐 습)
海(바다 해)−洋(큰바다 양)
行(다닐 행)−動(움직일 동)
號(이름 호)−名(이름 명)

가: 家(집 가), 歌(노래 가)
각: 各(각 각), 角(뿔 각)
강: 江(강 강), 强(강할 강)
계: 界(지경 계), 計(셀 계)
고: 古(옛 고), 苦(쓸 고), 高(높을 고)
공: 工(장인 공), 公(공평할 공), 共(한가지 공),
　　空(빌 공), 功(공 공)
과: 果(열매 과), 科(과목 과)
교: 交(사귈 교), 敎(가르칠 교), 校(학교 교)
구: 九(아홉 구), 口(입 구), 區(구분할 구),
　　球(공 구)
군: 郡(고을 군), 軍(군사 군)
근: 根(뿌리 근), 近(가까울 근)
금: 今(이제 금), 金(쇠 금)
급: 急(급할 급), 級(등급 급)
기: 旗(기 기), 氣(기운 기), 記(기록할 기)
남: 南(남녘 남), 男(사내 남)
대: 大(큰 대), 代(대신할 대), 對(대할 대),
　　待(기다릴 대)
도: 度(법도 도), 圖(그림 도), 道(길 도)
동: 冬(겨울 동), 同(한가지 동), 洞(골 동),
　　動(움직일 동), 童(아이 동), 東(동녘동)
등: 登(오를 등), 等(무리 등)
례: 例(법식 례), 禮(예도 례)
로: 老(늙을 로), 路(길 로)
리: 利(이로울 리), 里(마을 리), 李(오얏/성 리),
　　理(다스릴 리)
명: 名(이름 명), 命(목숨 명), 明(밝을 명)
목: 木(나무 목), 目(눈 목)
문: 文(글월 문), 問(물을 문), 聞(들을 문), 門(문 문)
미: 米(쌀 미), 美(아름다울 미)
반: 反(돌이킬 반), 半(반 반), 班(나눌 반)
방: 方(모 방), 放(놓을 방)
백: 白(흰 백), 百(일백 백)
부: 夫(지아비 부), 部(떼 부), 父(아비 부)
사: 事(일 사), 四(넉 사), 死(죽을 사),
　　使(하여금/부릴 사), 社(모일 사)
산: 山(메 산), 算(셈 산)
서: 西(서녘 서), 書(글 서)
석: 夕(저녁 석), 石(돌 석), 席(자리 석)
선: 先(먼저 선), 線(줄 선)

성: 成(이룰 성), 姓(성 성), 省(살필 성)
소: 小(작을 소), 少(적을 소), 消(사라질 소),
　　所(바 소)
수: 手(손 수), 水(물 수), 數(셈 수), 樹(나무 수)
시: 市(저자 시), 始(비로소 시), 時(때 시)
식: 式(법 식), 植(심을 식), 食(밥/먹을 식)
신: 身(몸 신), 信(믿을 신), 新(새 신), 神(귀신 신)
실: 失(잃을 실), 室(집 실)
야: 夜(밤 야), 野(들 야)
약: 弱(약할 약), 藥(약 약)
양: 洋(큰바다 양), 陽(볕 양)
영: 永(길 영), 英(꽃부리 영)
오: 五(다섯 오), 午(낮 오)
용: 用(쓸 용), 勇(날랠 용)
유: 由(말미암을 유), 有(있을 유), 油(기름 유)
음: 音(소리 음), 陰(마실 음)
일: 一(하나 일), 日(날 일)
의: 衣(옷 의), 意(뜻 의), 醫(의원 의)
원: 園(동산 원), 遠(멀 원)
자: 子(아들 자), 自(스스로 자), 字(글자 자),
　　者(놈 자)
작: 作(지을 작), 昨(어제 작)
장: 長(긴 장), 場(마당 장), 章(글 장)
재: 才(재주 재), 在(있을 재)
전: 全(온전 전), 前(앞 전), 戰(싸움 전), 電(번개 전)
정: 正(바를 정), 定(정할 정), 庭(뜰 정)
제: 弟(아우 제), 第(차례 제), 題(제목 제)
조: 朝(아침 조), 祖(할아비 조)
족: 足(발 족), 族(겨레 족)
주: 主(주인 주), 住(살 주), 注(부을 주), 晝(낮 주)
중: 中(가운데 중), 重(무거울 중)
지: 地(땅 지), 紙(종이 지)
천: 千(일천 천), 川(내 천), 天(하늘 천)
청: 靑(푸를 청), 淸(맑을 청)
촌: 寸(마디 촌), 村(마을 촌)
하: 下(아래 하), 夏(여름 하)
한: 漢(한나라 한), 韓(나라 한)
화: 火(불 화), 和(화할 화), 花(꽃 화), 畫(그림 화),
　　話(말씀 화)
형: 兄(맏 형), 形(모양 형)
행: 行(다닐 행), 幸(다행 행)

: 표시는 長音(장음), (:) 표시는 長音(장음)·短音(단음) 두 가지로 발음되는 한자이다.

ㄱ

各 각각 각 ················ 6
角 뿔 각 ················· 6
感 느낄 감: ·············· 6
強 강할 강(:) ············ 6
開 열 개 ················· 8
京 서울 경 ··············· 8
計 셀 계: ················ 8
界 지경 계: ·············· 8
高 높을 고 ··············· 10
苦 쓸 고 ················· 10
古 예/옛 고: ············· 10
功 공 공 ················· 10
公 공평할 공 ············· 12
共 한가지 공: ············ 12
科 과목 과 ··············· 12
果 실과 과: ·············· 12
光 빛 광 ················· 14
交 사귈 교 ··············· 14
球 공/옥 구 ·············· 14
區 구분할/지경 구 ······· 14
郡 고을 군: ·············· 16
近 가까울 근: ············ 16
根 뿌리 근 ··············· 16
今 이제 금 ··············· 16
級 등급 급 ··············· 18
急 급할 급 ··············· 18

ㄷ

多 많을 다 ··············· 18
短 짧을 단(:) ············ 18
堂 집 당 ················· 20

待 기다릴 대: ············ 20
代 대신 대: ·············· 20
對 대할 대: ·············· 20
圖 그림 도 ··············· 22
度 법도 도(:) ············ 22
讀 읽을/구절 독/두 ······ 22
童 아이 동(:) ············ 22
頭 머리 두 ··············· 24
等 무리/등급 등: ········· 24

ㄹ

樂 즐길/노래 락/악 ······ 24
路 길 로: ················ 24
綠 푸를 록 ··············· 26
例 법식 례: ·············· 26
禮 예도 례: ·············· 26
李 오얏/성 리: ··········· 26
利 이할 리: ·············· 28
理 다스릴 리: ············ 28

ㅁ

明 밝을 명 ··············· 28
目 눈 목 ················· 28
聞 들을 문(:) ············ 30
米 쌀 미 ················· 30
美 아름다울 미(:) ········ 30

ㅂ

朴 성 박 ················· 30
班 나눌 반 ··············· 32
反 돌이킬/돌아올 반: ···· 32
半 반 반: ················ 32
發 필 발 ················· 32
放 놓을 방(:) ············ 34
番 차례 번 ··············· 34
別 다를/나눌 별 ········· 34
病 병 병: ················ 34
服 옷 복 ················· 36
本 근본 본 ··············· 36
部 떼 부 ················· 36
分 나눌 분(:) ············ 36

ㅅ

社 모일 사 ··············· 38
死 죽을 사: ·············· 38
使 하여금/부릴 사: ······ 38
書 글 서 ················· 38
石 돌 석 ················· 40
席 자리 석 ··············· 40
線 줄 선 ················· 40
雪 눈 설 ················· 40
省 살필/덜 성/생 ········ 42
成 이룰 성 ··············· 42
消 사라질 소 ············· 42
速 빠를 속 ··············· 42
孫 손자 손(:) ············ 44
樹 나무 수 ··············· 44
術 재주 술 ··············· 44
習 익힐 습 ··············· 44

勝 이길 승 ·············· 46
始 비로소 시: ·········· 46
式 법 식 ·············· 46
神 귀신 신 ············· 46
身 몸 신 ·············· 48
信 믿을 신: ············ 48
新 새 신 ·············· 48
失 잃을 실 ············· 48

ㅇ

愛 사랑 애(:) ·········· 50
野 들 야: ············· 50
夜 밤 야: ············· 50
藥 약 약 ·············· 50
弱 약할 약 ············· 52
陽 볕 양 ·············· 52
洋 큰바다 양 ··········· 52
言 말씀 언 ············· 52
業 업 업 ·············· 54
永 길 영: ············· 54
英 꽃부리 영 ··········· 54
溫 따뜻할 온 ··········· 54
勇 날랠 용: ············ 56
用 쓸 용: ············· 56
運 옮길 운: ············ 56
園 동산 원 ············· 56
遠 멀 원: ············· 58
油 기름 유 ············· 58
由 말미암을 유 ········· 58
銀 은 은 ·············· 58
飮 마실 음(:) ·········· 60
音 소리 음 ············· 60

意 뜻 의: ············· 60
衣 옷 의 ·············· 60
醫 의사 의 ············· 62

ㅈ

者 놈 자 ·············· 62
昨 어제 작 ············· 62
作 지을 작 ············· 62
章 글 장 ·············· 64
在 있을 재: ············ 64
才 재주 재 ············· 64
戰 싸움 전: ············ 64
庭 뜰 정 ·············· 66
定 정할 정: ············ 66
題 제목 제 ············· 66
第 차례 제: ············ 66
朝 아침 조 ············· 68
族 겨레 족 ············· 68
晝 낮 주 ·············· 68
注 부을 주: ············ 68
集 모일 집 ············· 70

ㅊ

窓 창 창 ·············· 70
淸 맑을 청 ············· 70
體 몸 체 ·············· 70
親 친할 친 ············· 72

ㅌ

太 클 태 ·············· 72

通 통할 통 ············· 72
特 특별할 특 ··········· 72

ㅍ

表 겉 표 ·············· 74
風 바람 풍 ············· 74

ㅎ

合 합할 합 ············· 74
行 다닐/항렬 행/항 ····· 74
幸 다행 행: ············ 76
向 향할 향: ············ 76
現 나타날 현: ·········· 76
形 모양 형 ············· 76
號 이름 호(:) ·········· 78
畫 그림/그을 화:/획 ···· 78
和 화할 화 ············· 78
黃 누를 황 ············· 78
會 모을 회: ············ 80
訓 가르칠 훈: ·········· 80

기출/예상 문제 정답

6급-1회

1 (1-33)
1 의복　2 선분　3 승산　4 수술
5 운신　6 본부　7 온실　8 속기
9 화합　10 도식　11 반장　12 주목
13 민의　14 중용　15 약자　16 지신
17 회사　18 방전　19 초록　20 현금
21 공간　22 문서　23 소신　24 이유
25 출석　26 통로　27 구두　28 편리
29 소화　30 야구　31 은행　32 작가
33 입체

2 (34-55)
34 꽃부리 영　35 부릴 사　36 짧을 단
37 나무 수　38 어제 작　39 맑을 청
40 멀 원　41 말씀 언　42 밤 야
43 가르칠 훈　44 바람 풍　45 곧을 직
46 쌀 미　47 지경 계　48 뿔 각
49 클 태　50 마실 음　51 날랠 용
52 뿌리 근　53 글 장　54 손자 손
55 각각 각

3 (56-75)
56 食水　57 人物　58 農村　59 生活
60 國旗　61 每年　62 自白　63 校歌
64 先後　65 工事　66 外面　67 海女
68 車道　69 不正　70 入學　71 物心
72 左右　73 有名　74 問安　75 山川

4~9 (76-90)
76 ①　77 ④　78 ②　79 ③　80 ①
81 ⑥　82 ②　83 ③　84 ①　85 ③
86 동심　87 수동　88 다　89 6번째　90 가

6급-2회

1 (1-33)
1 수술　2 급행　3 이유　4 성공
5 소화　6 공공　7 특별　8 편지
9 정원　10 반대　11 번지　12 신문
13 강풍　14 근본　15 시대　16 장소
17 각도　18 사명　19 손자　20 방향
21 활동　22 친족　23 유감　24 동화
25 군민　26 태양　27 읍내　28 과목
29 세대　30 한복　31 실례　32 음료
33 부장

2 (34-55)
34 옷 의　35 길 로　36 꽃부리 영
37 뿔 각　38 종이 지　39 누를 황
40 오를 등　41 뿌리 근　42 눈 설
43 동산 원　44 기를 육　45 빛 광
46 모일 회　47 열 계　48 살필 성
49 놈 자　50 기름 유　51 여름 하
52 바다 해　53 이길 승　54 높을 고
55 가르칠 훈

3 (56-75)
56 食事　57 自然　58 午前　59 電話
60 國力　61 農夫　62 生命　63 家門
64 女子　65 來韓　66 海軍　67 安全
68 數學　69 花草　70 直前　71 敎室
72 入口　73 語學　74 正面　75 中立

4~9 (76-90)
76 ①　77 ④　78 ②　79 ⑤　80 ⑥
81 ③　82 ③　83 ②　84 ④　85 ①
86 교육　87 국어　88 나　89 4번째　90 다

대한민국 대표한자 아이한자

www.ihanja.com

급수한자 6급 자격증 바로따기

발 행 일   2019년 2월 1일 초판 발행

발 행 인   배영순
저 자   權容璿(권용선)
펴 낸 곳   홍익교육
기획·편집   아이한자 연구소
출판등록   2010-10호
주 소   경기도 광명시 광명로 877 한진상가 B동 309호
전 화   02-2060-4011
홈페이지   www.ihanja.com

ISBN : 979-11-885050-8-1 / 63710

이 책의 어느 부분도 저작권자나 발행인의 승인없이 무단 복제하여 이용할 수 없습니다.